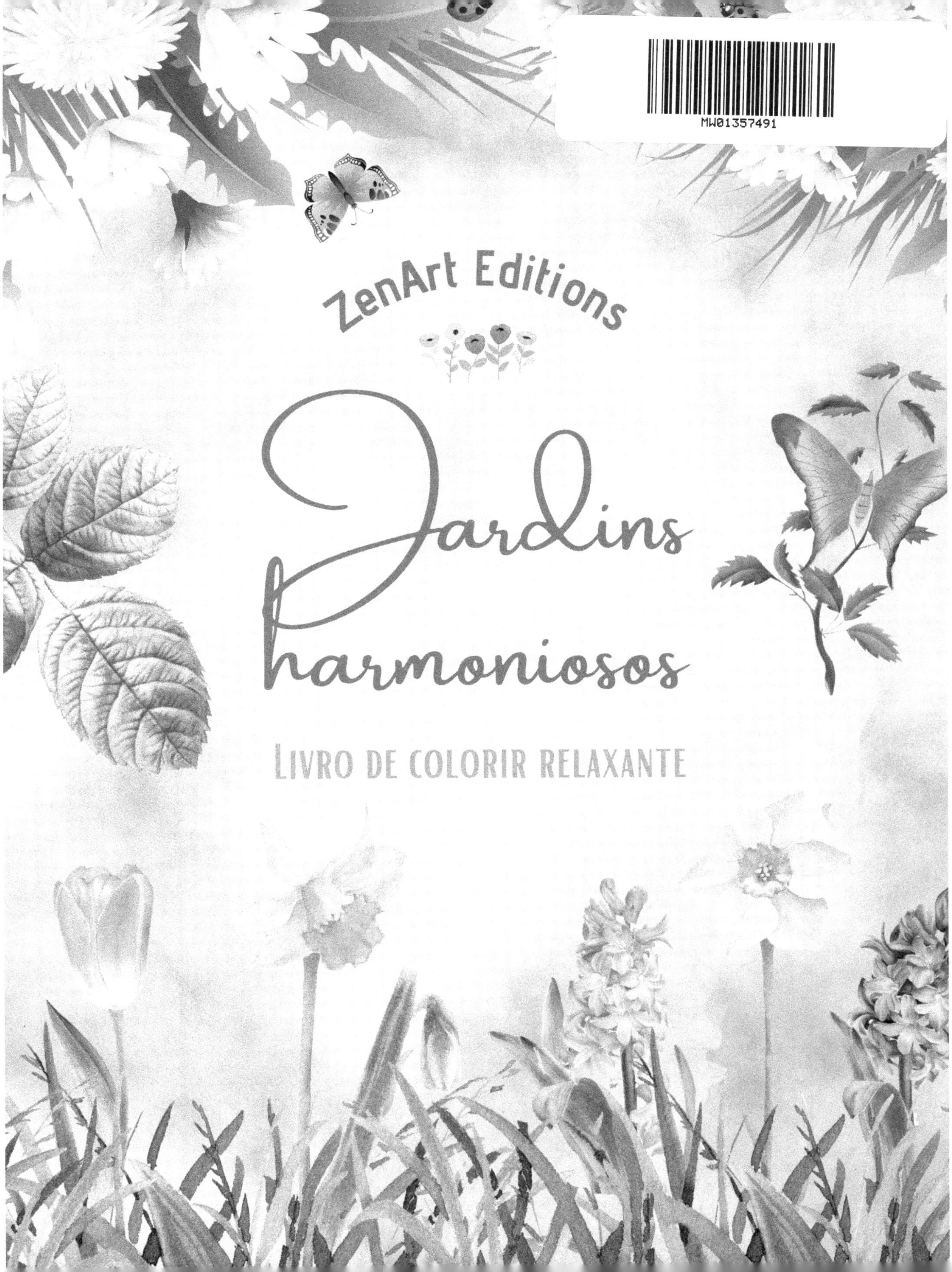

ZenArt Editions

Jardins harmoniosos

Livro de colorir relaxante

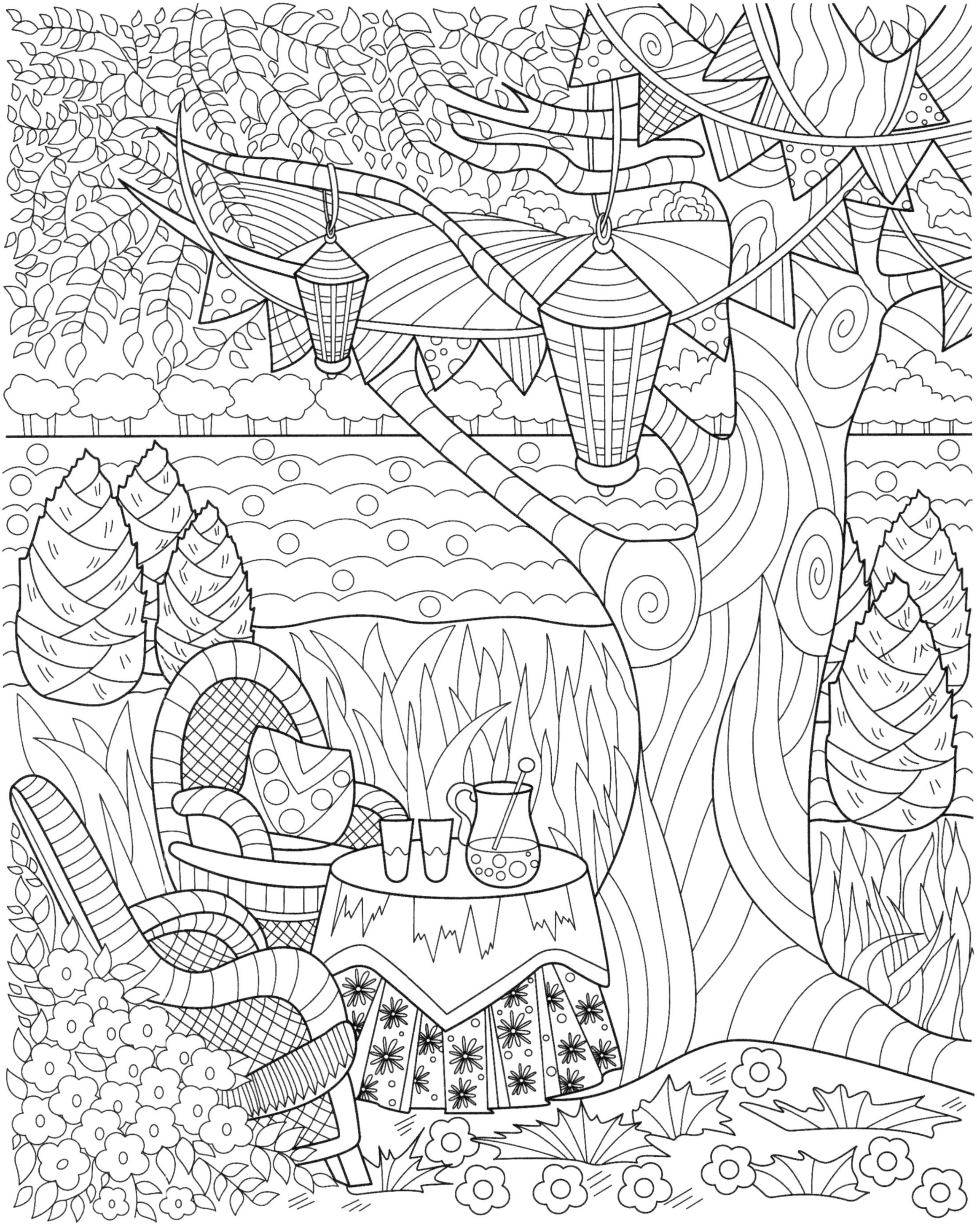

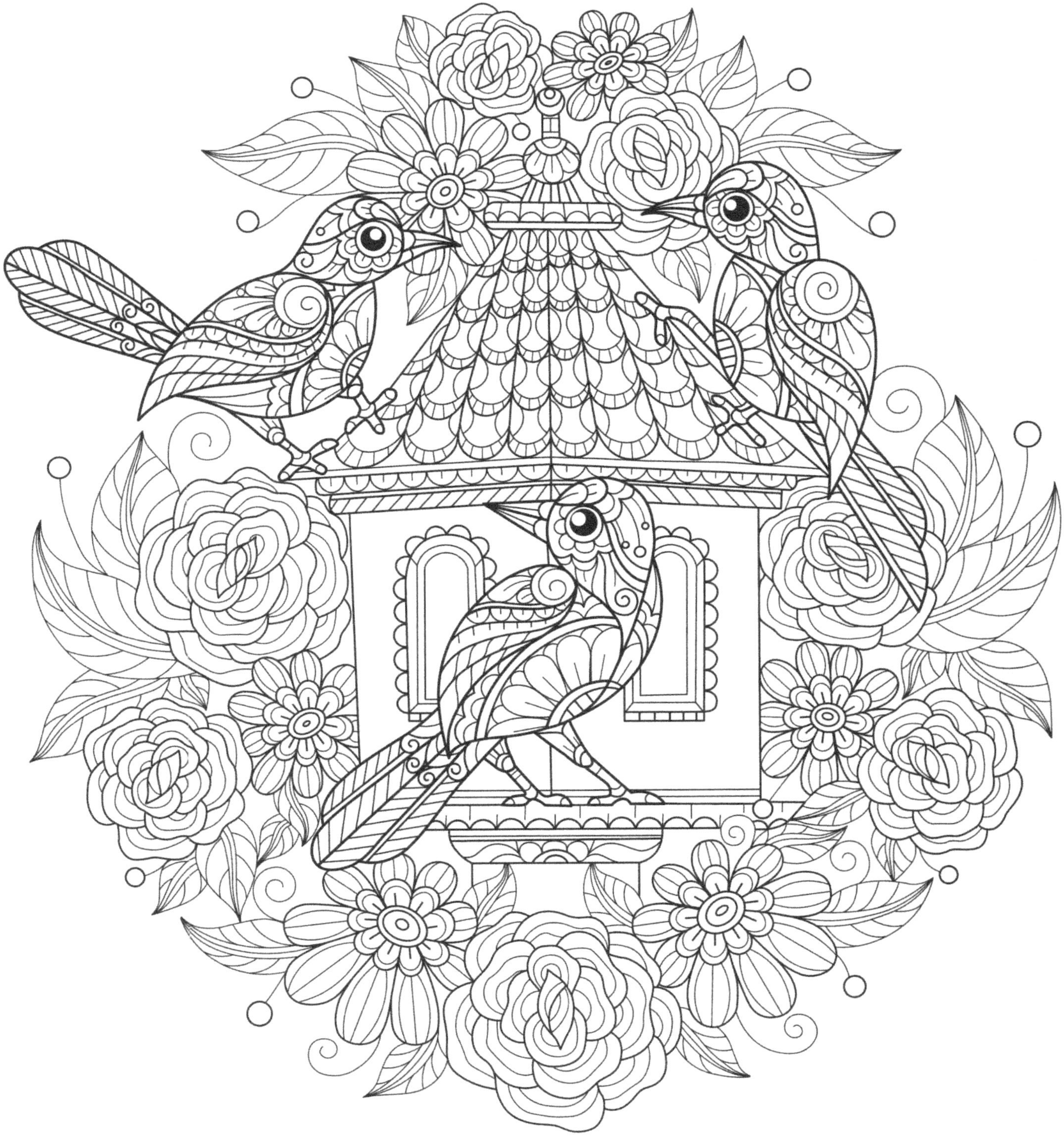

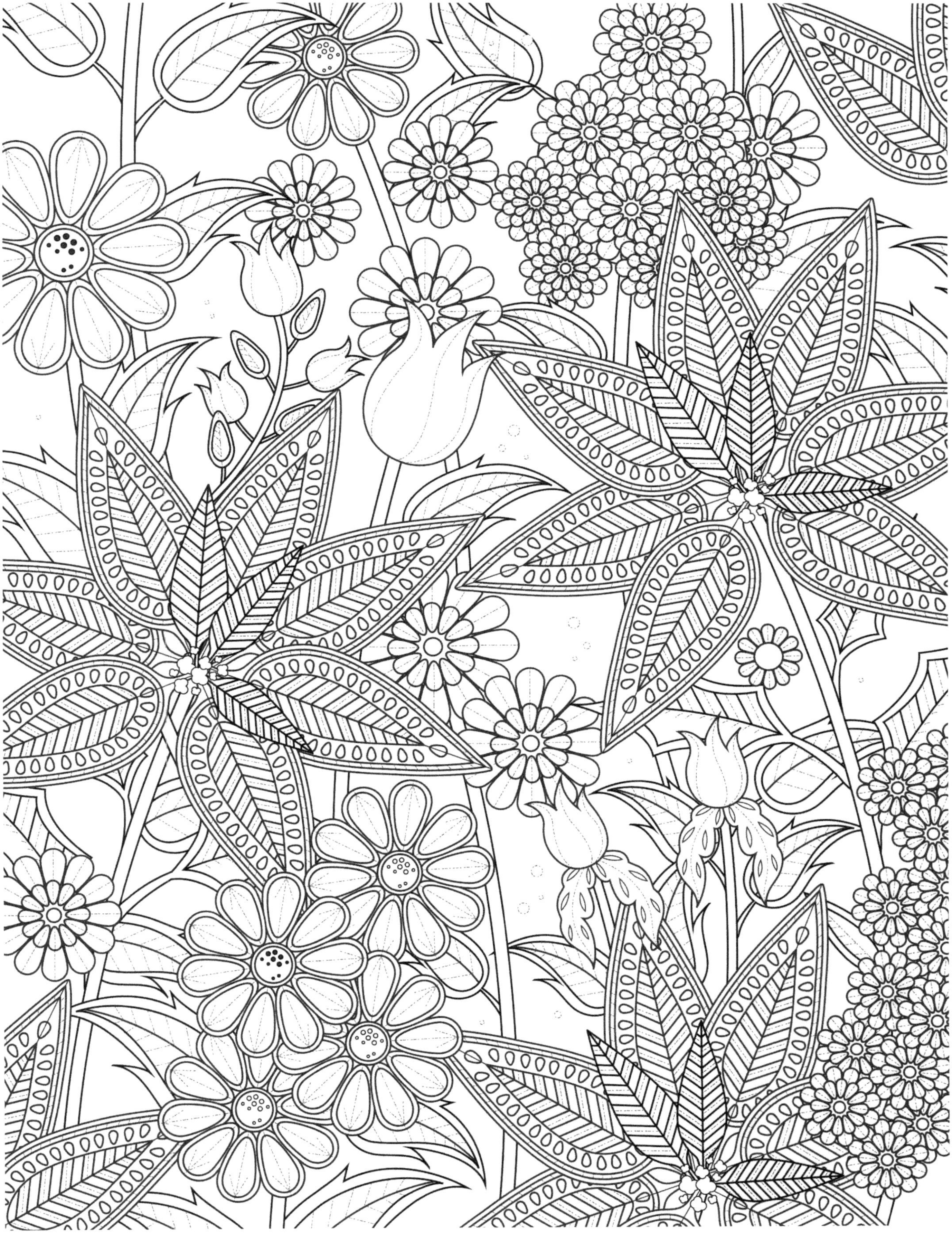

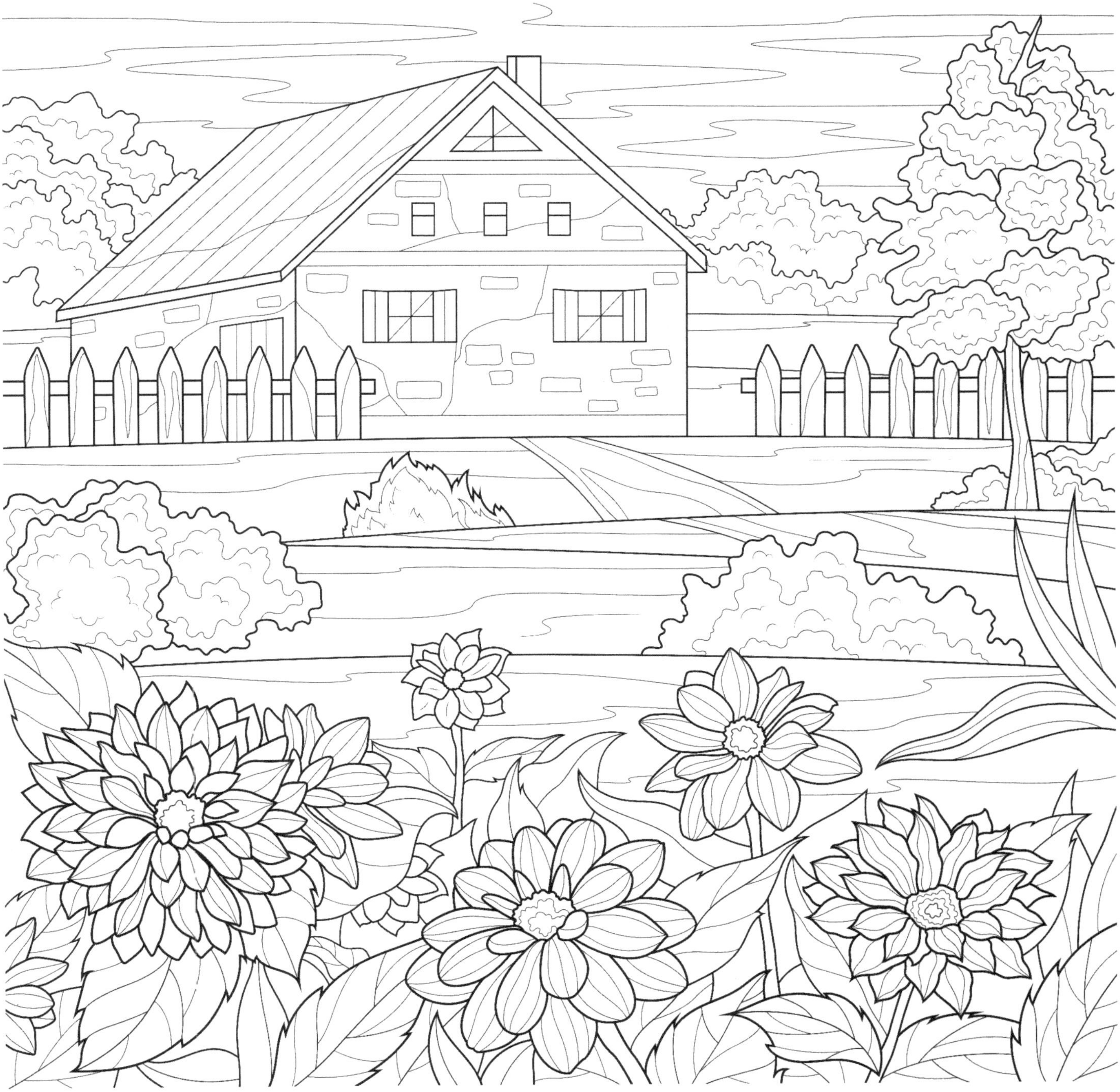

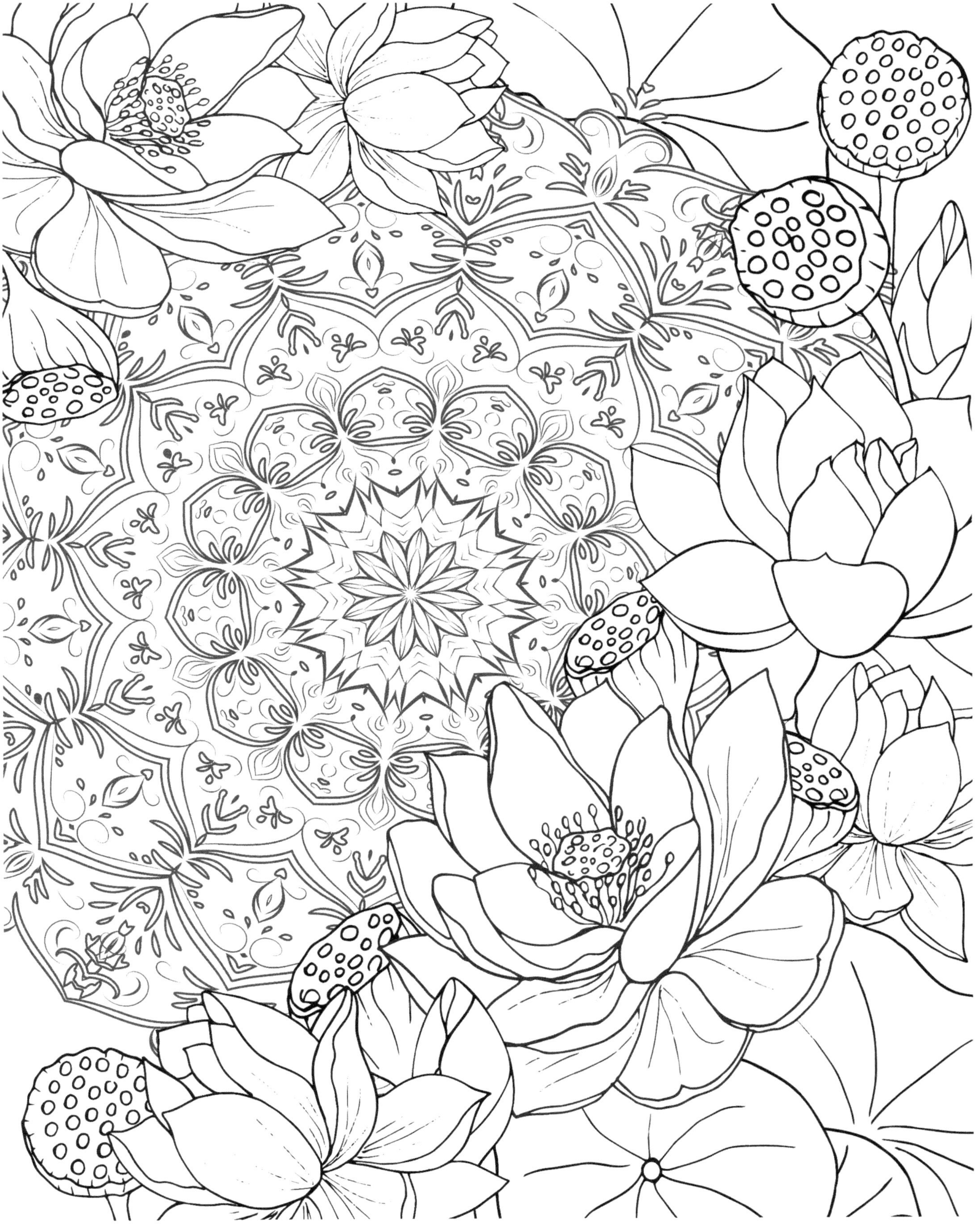

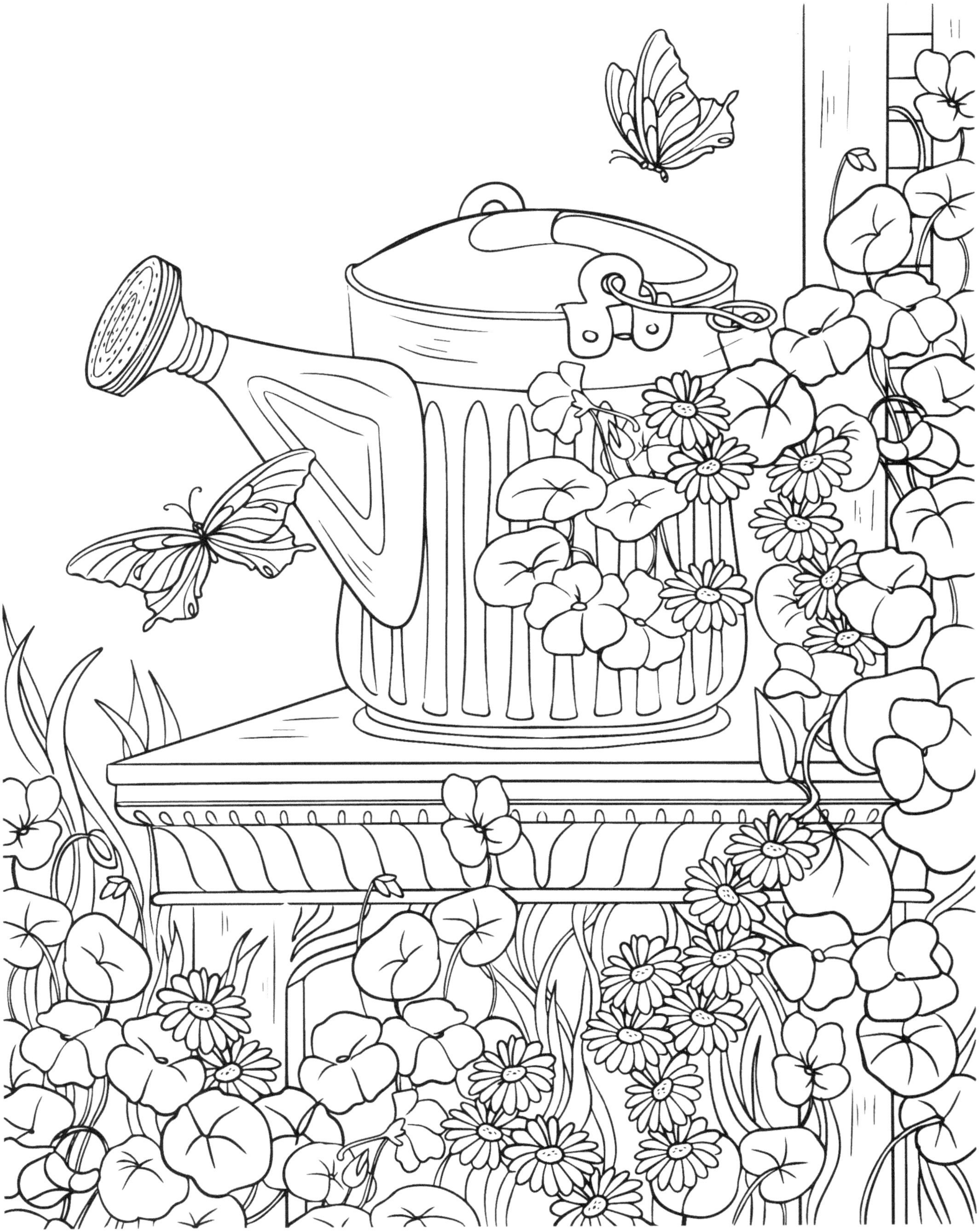

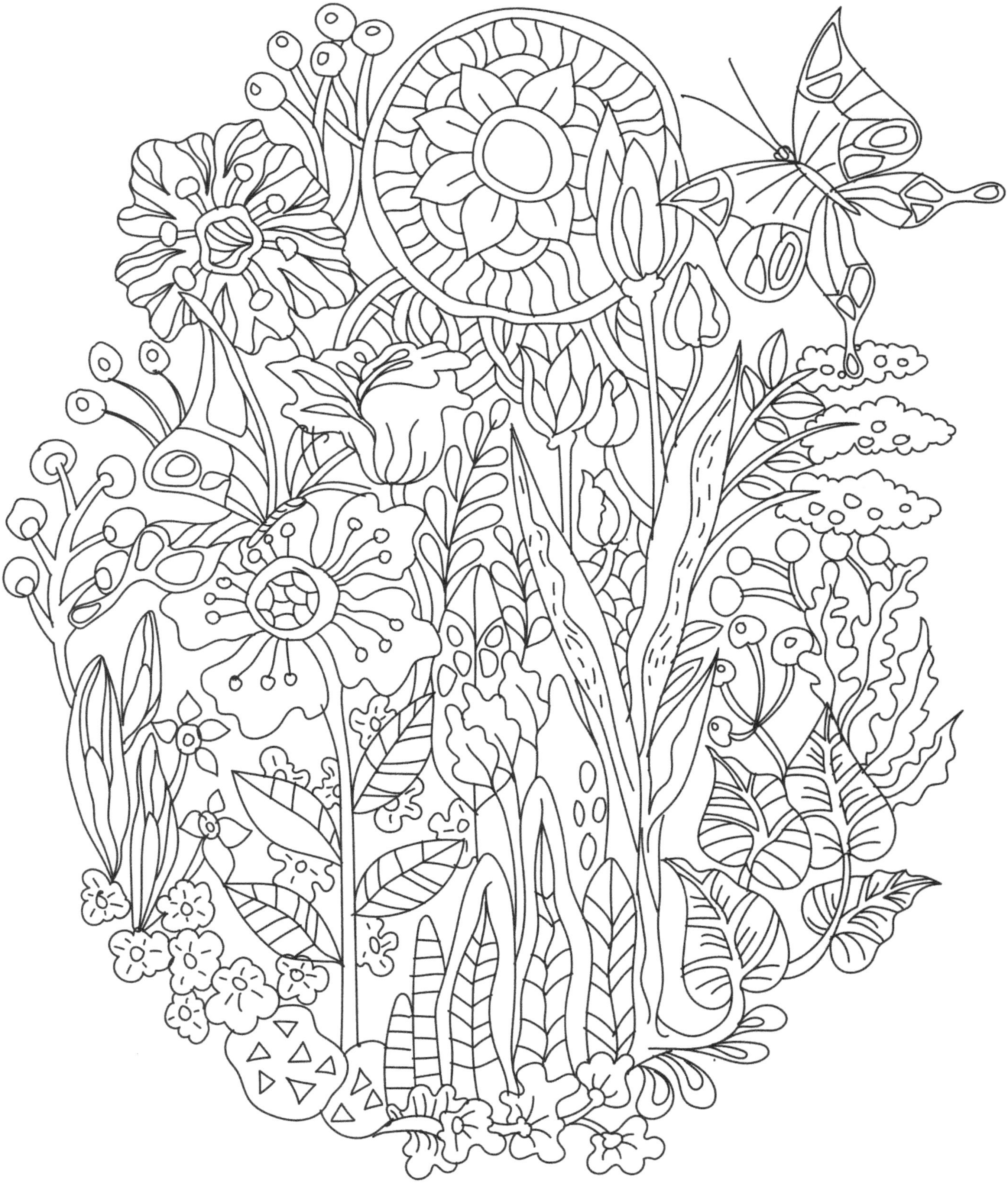

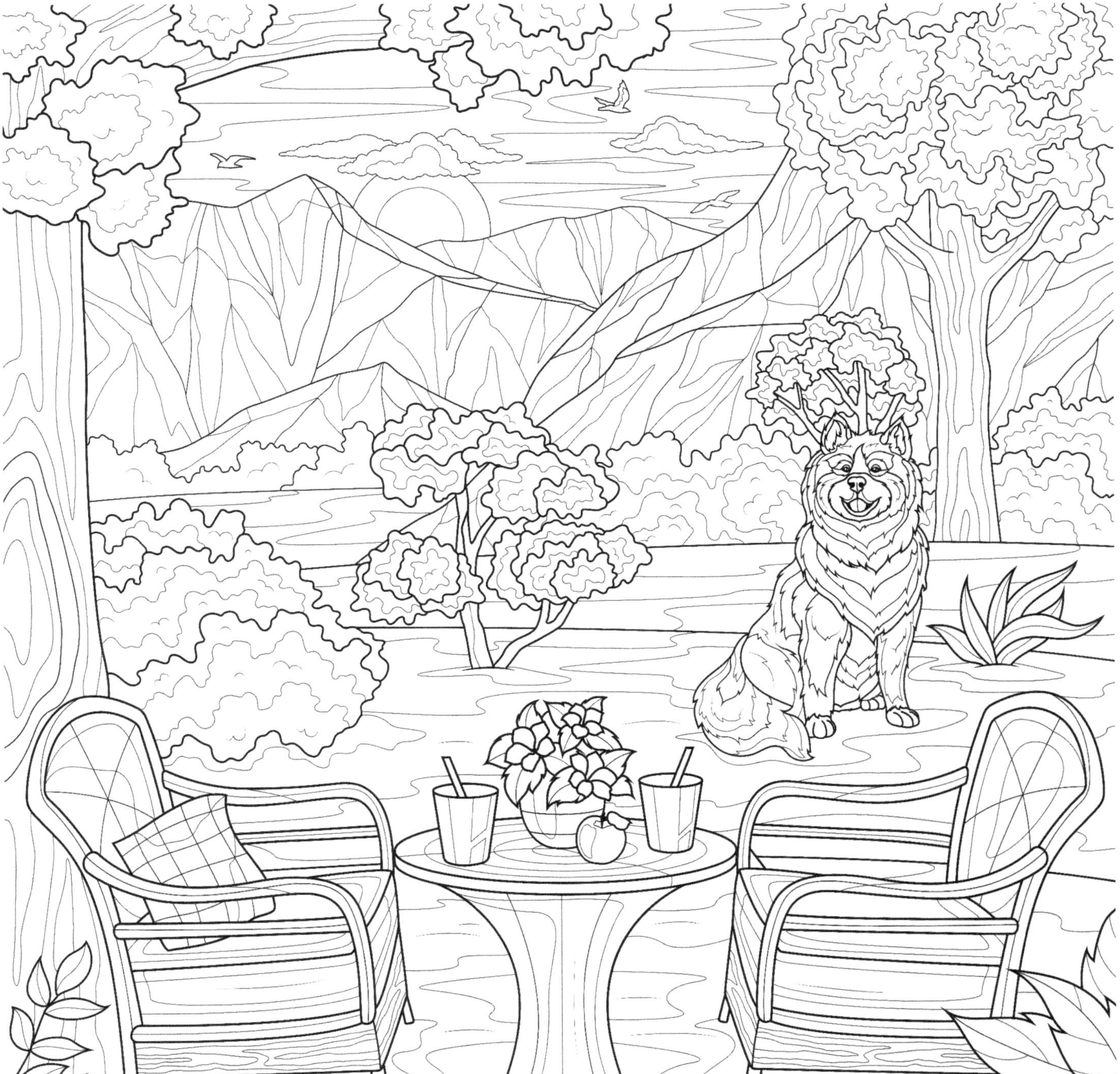

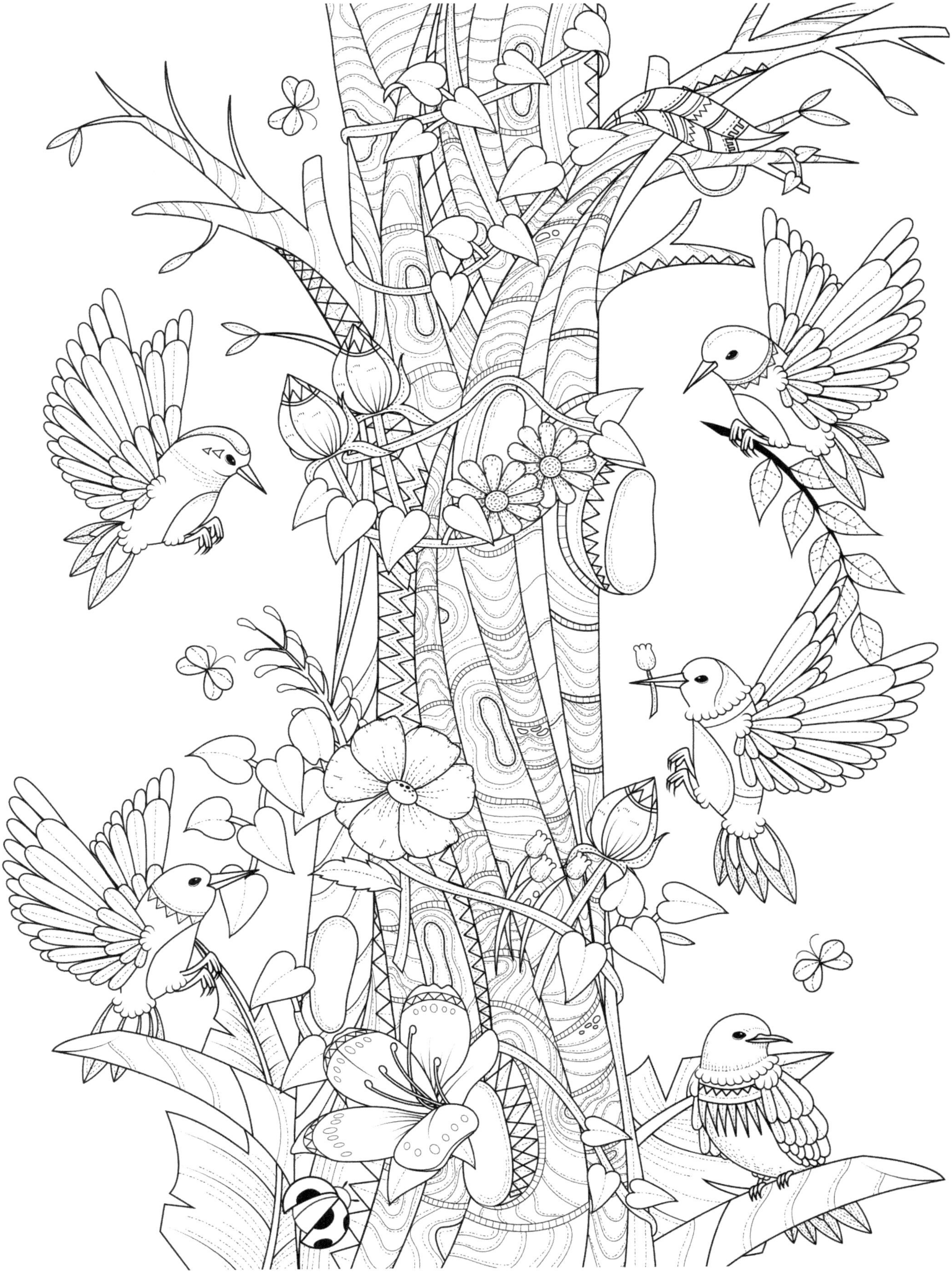

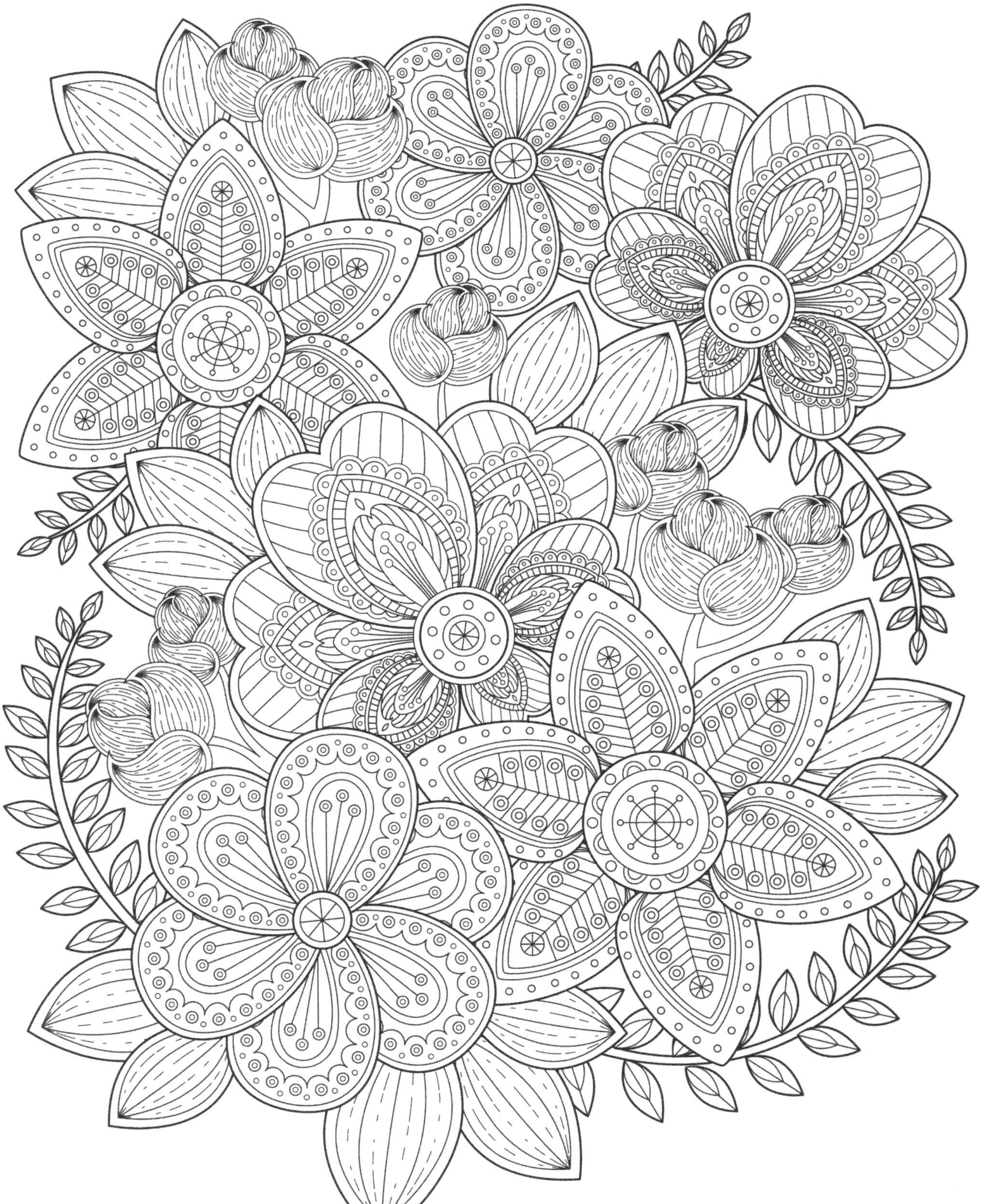

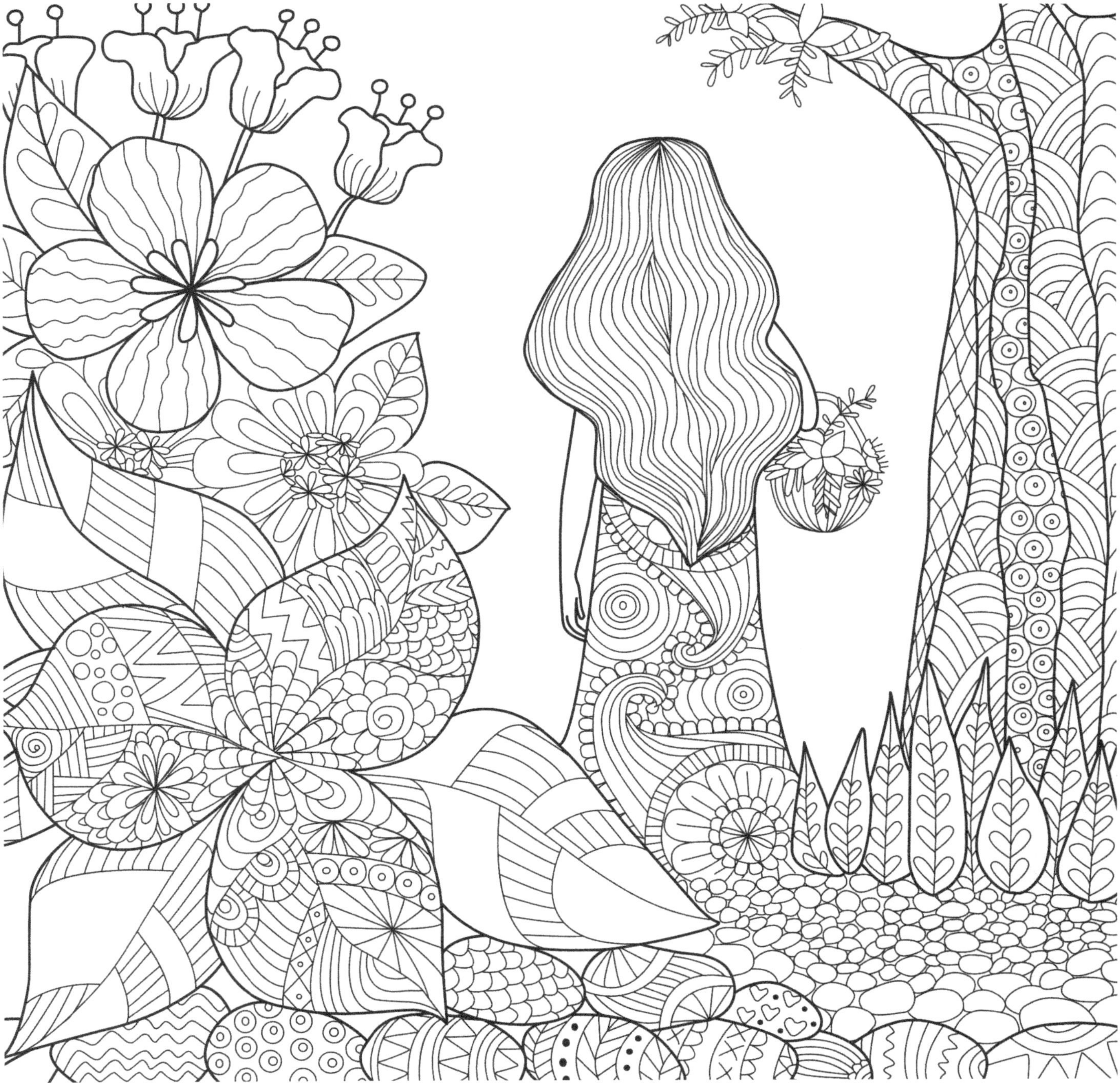

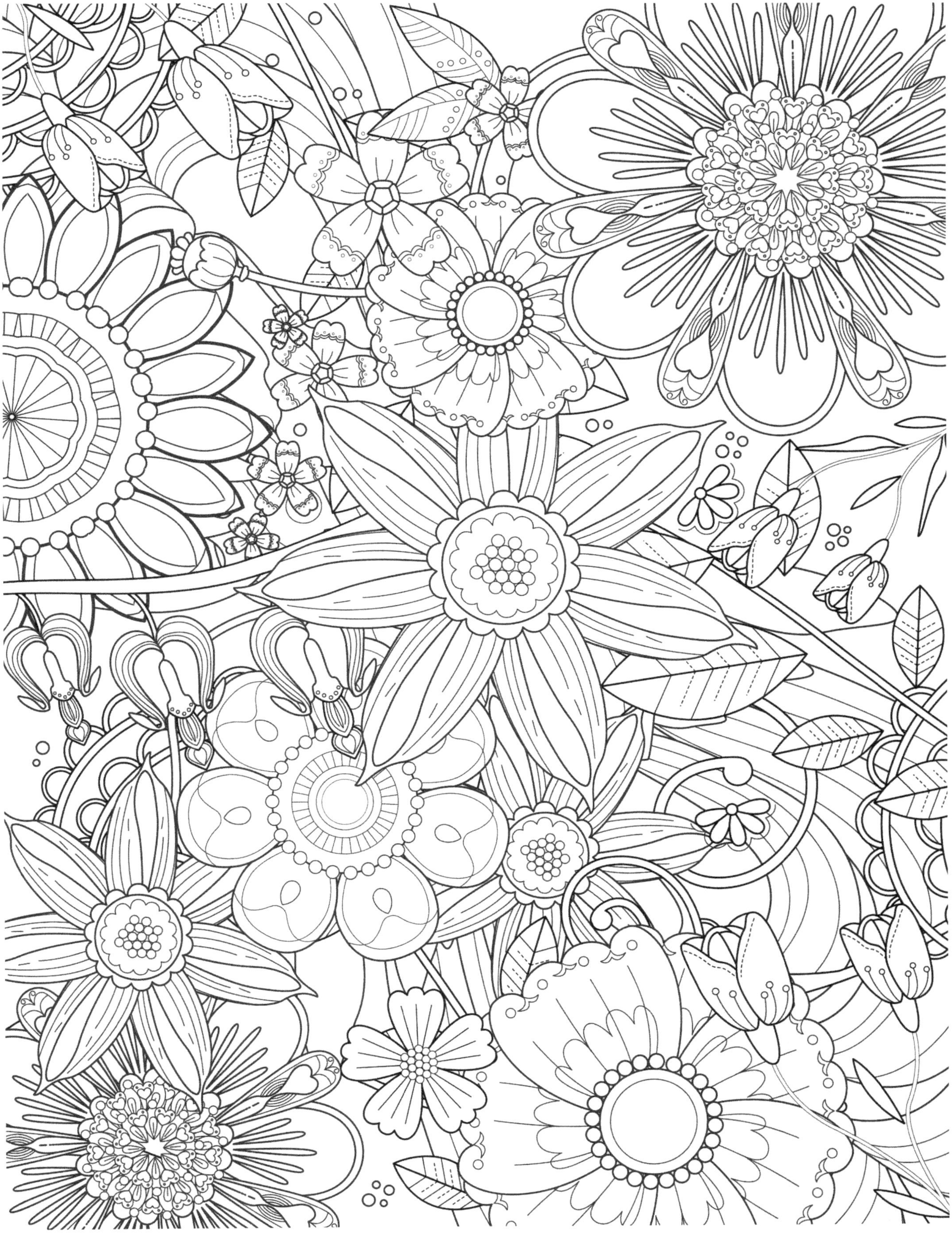

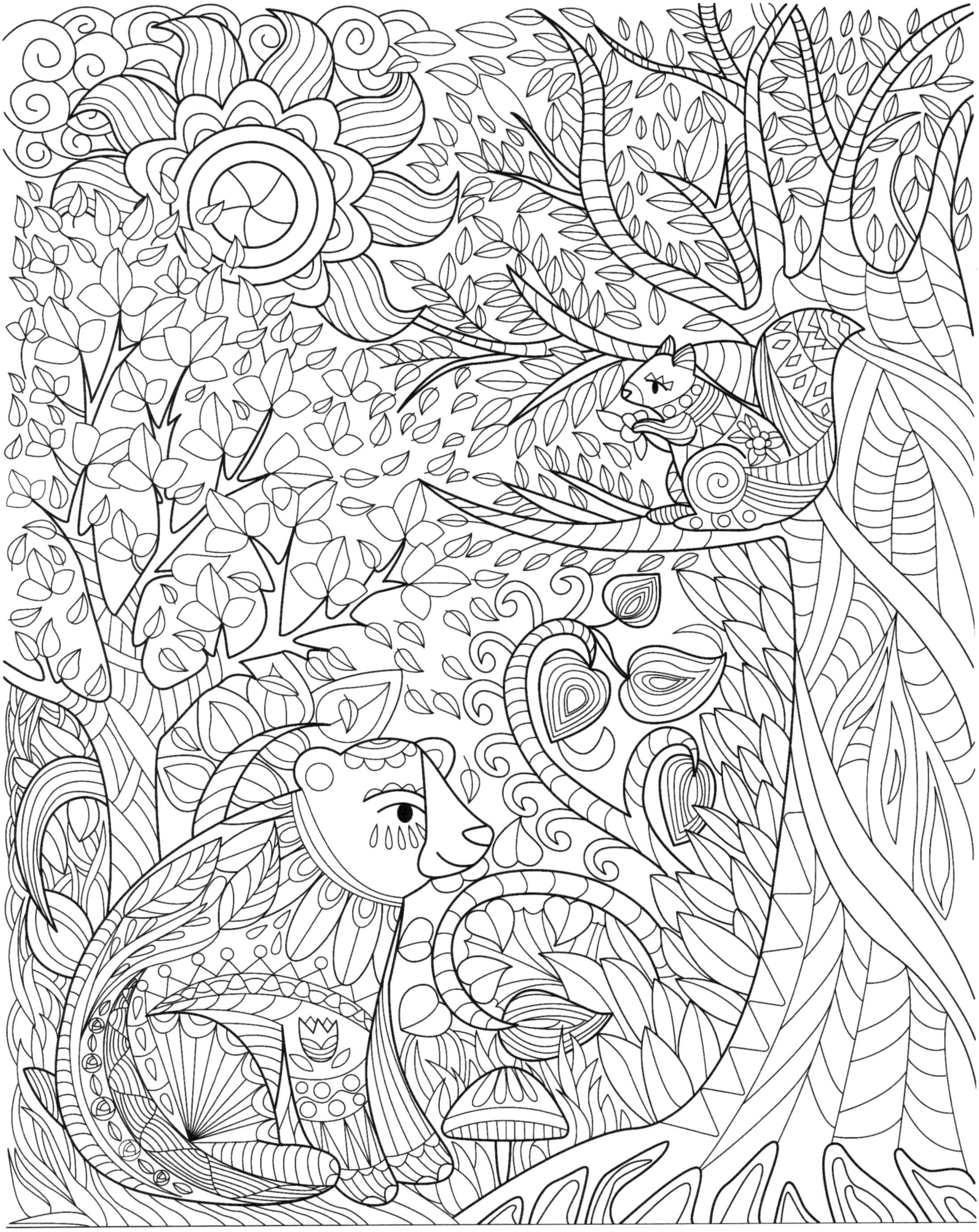

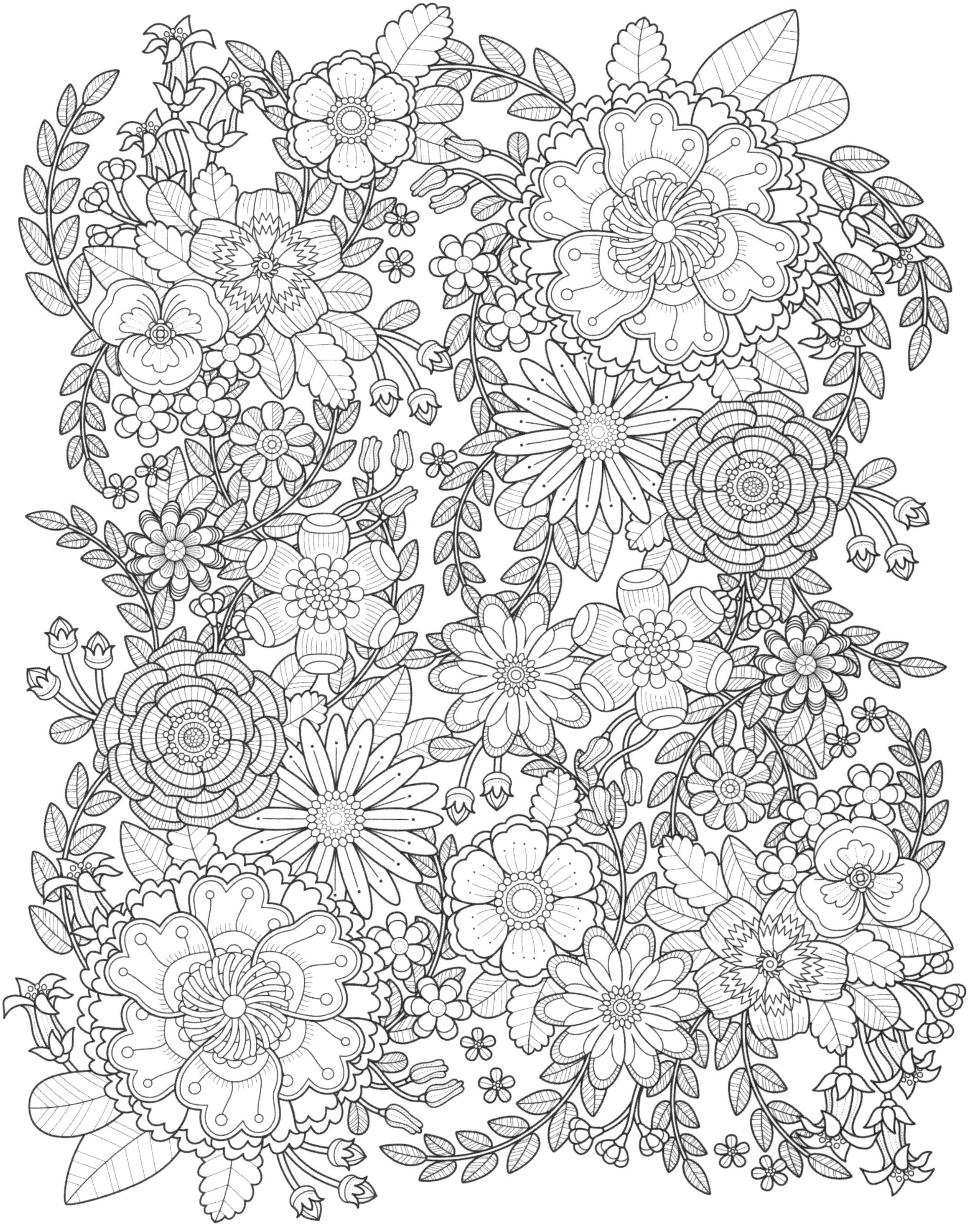

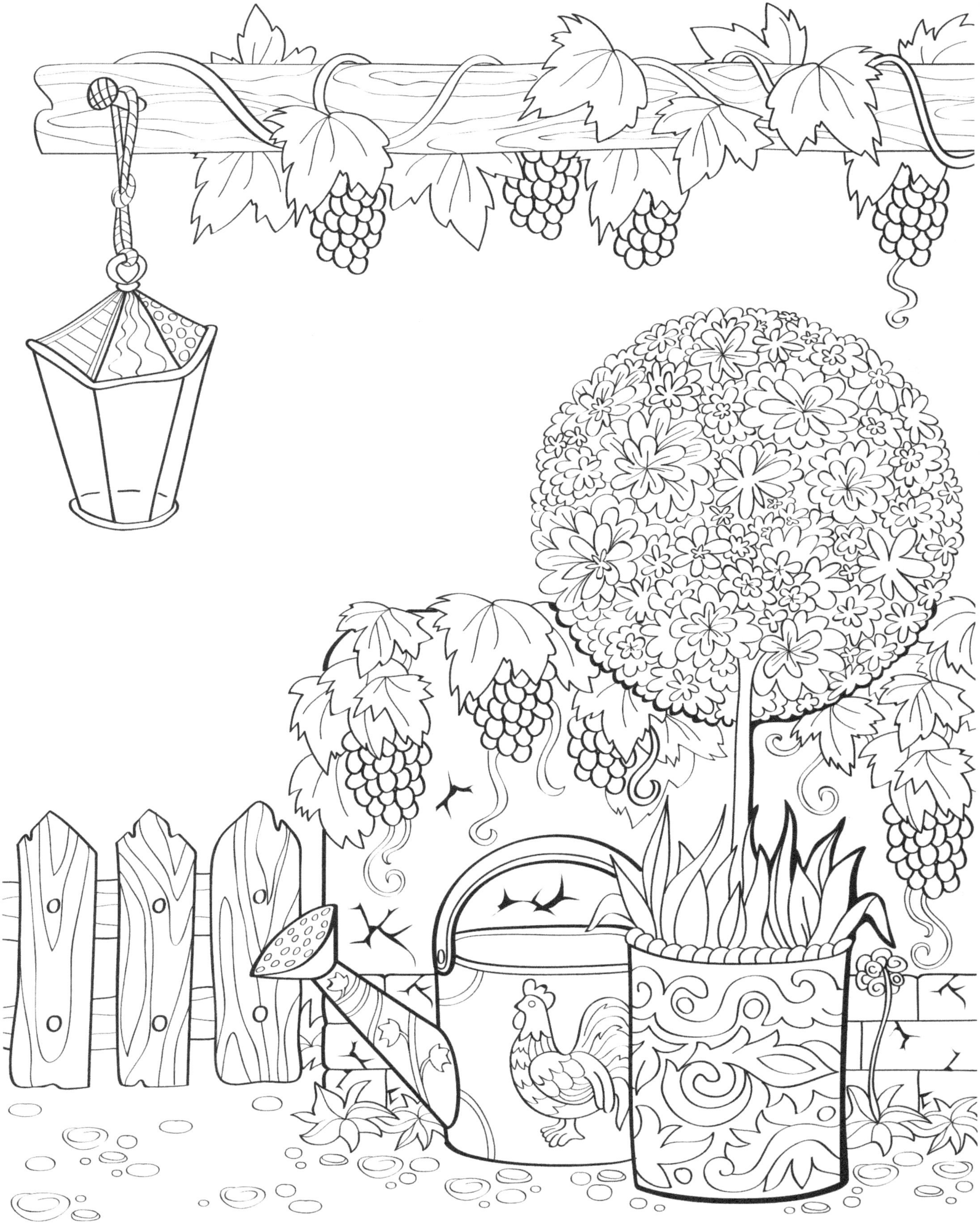

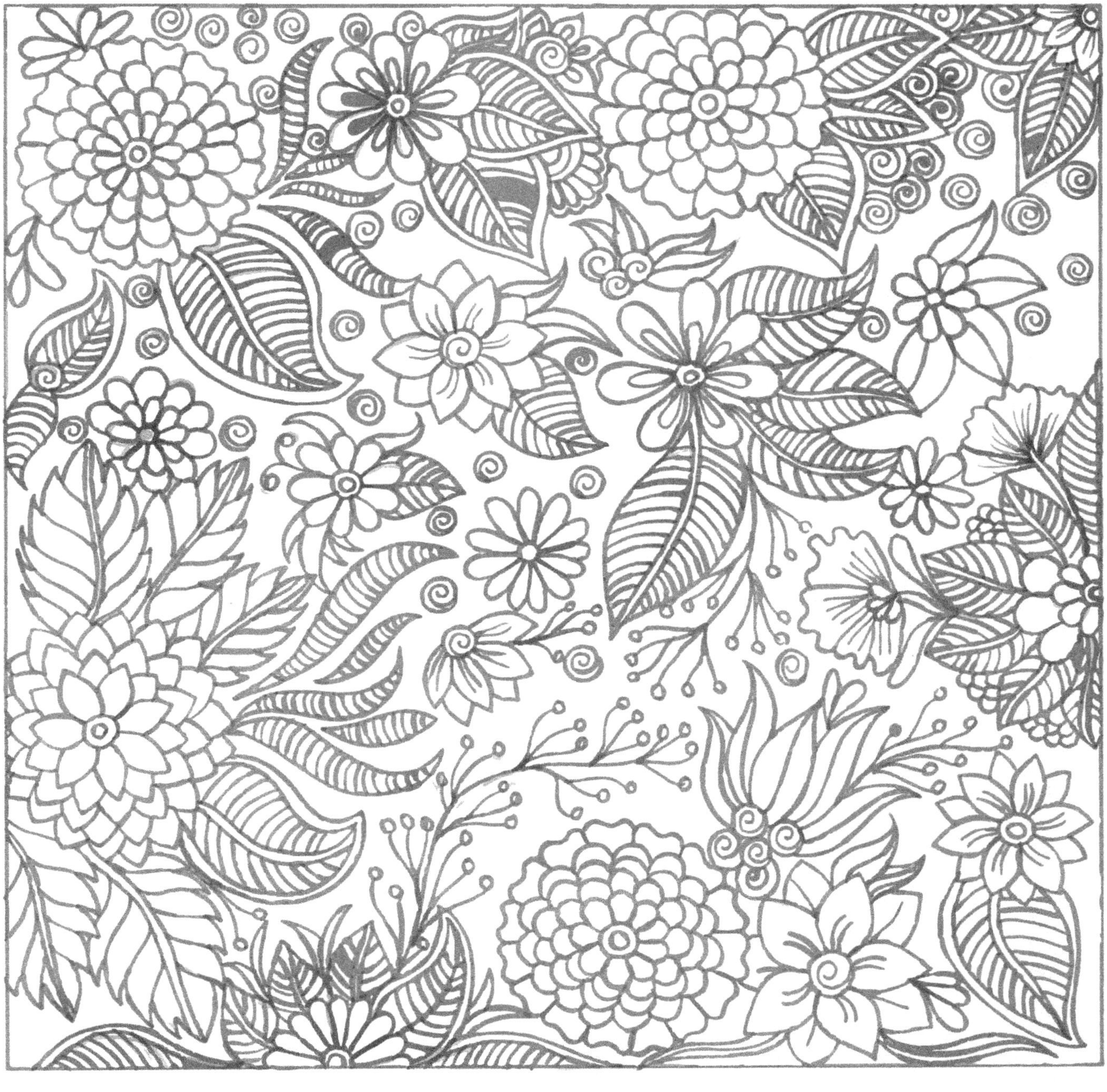

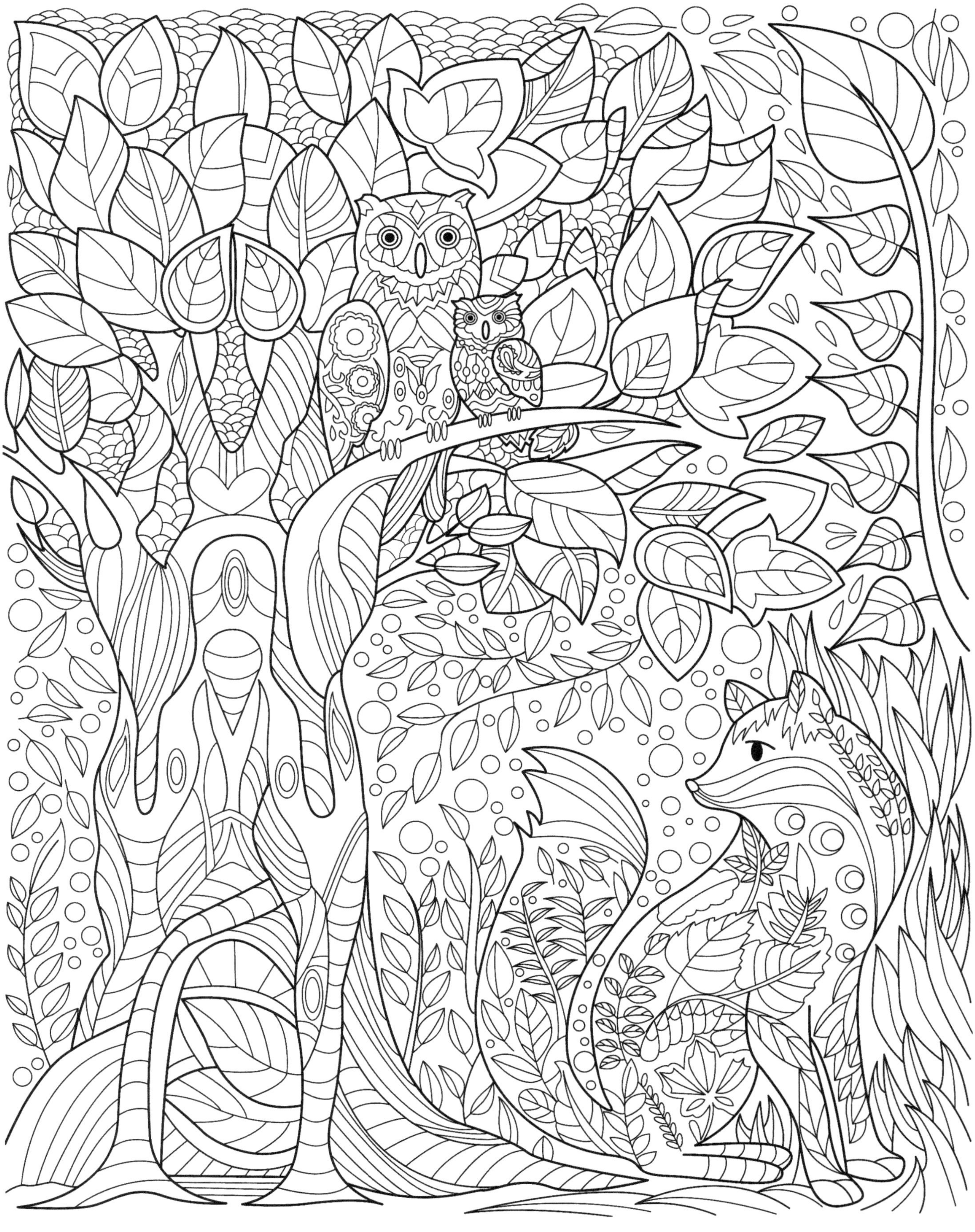

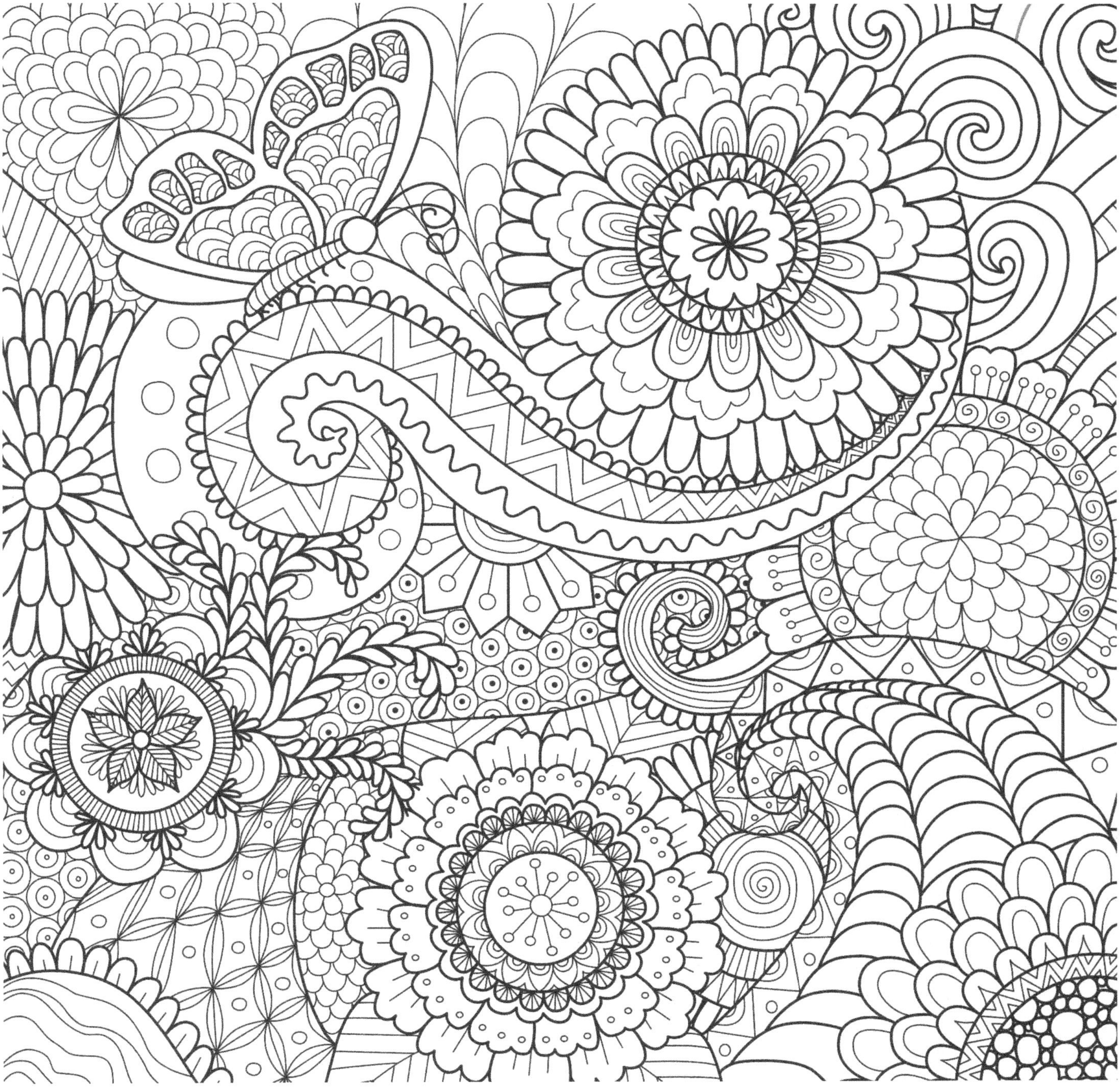

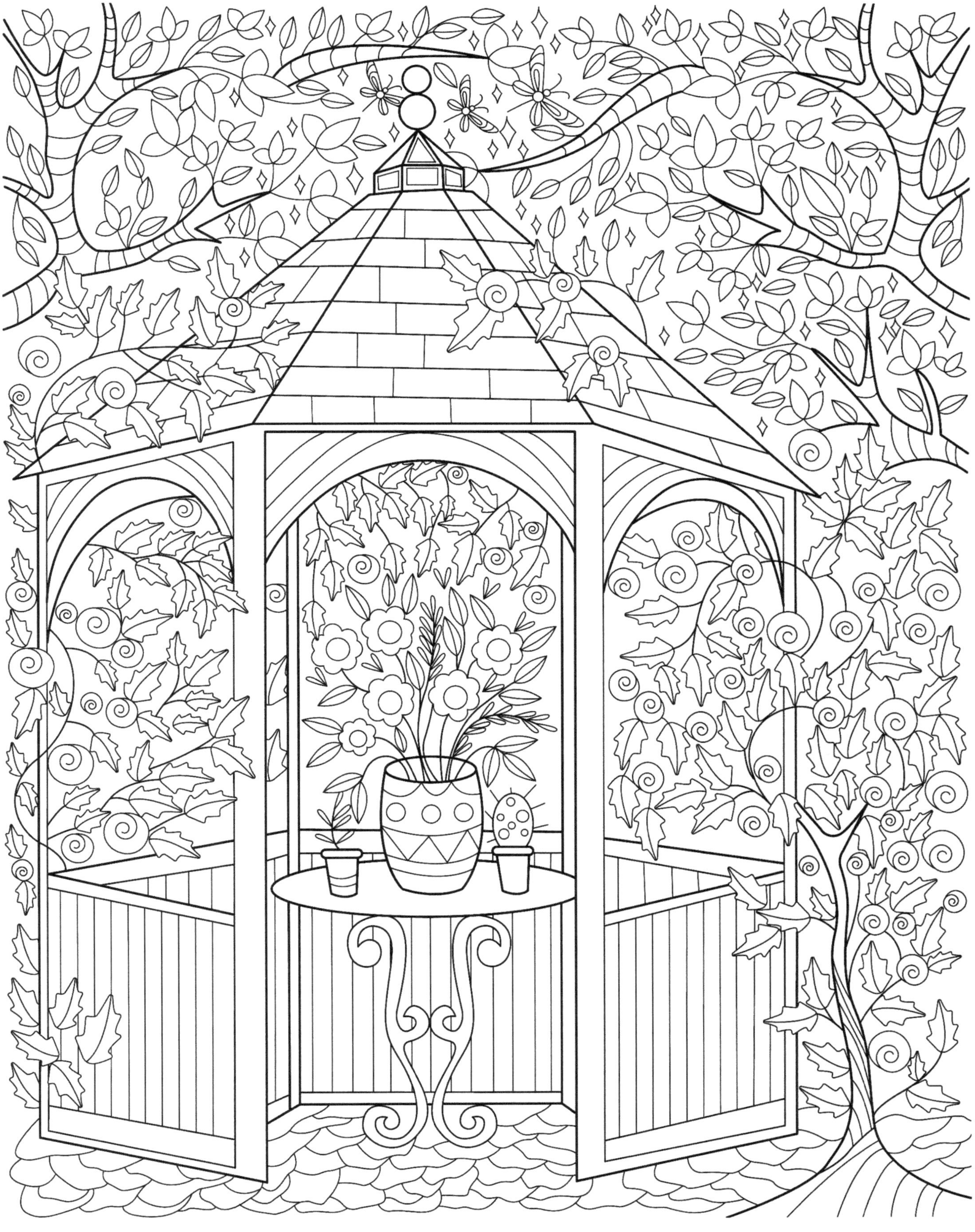

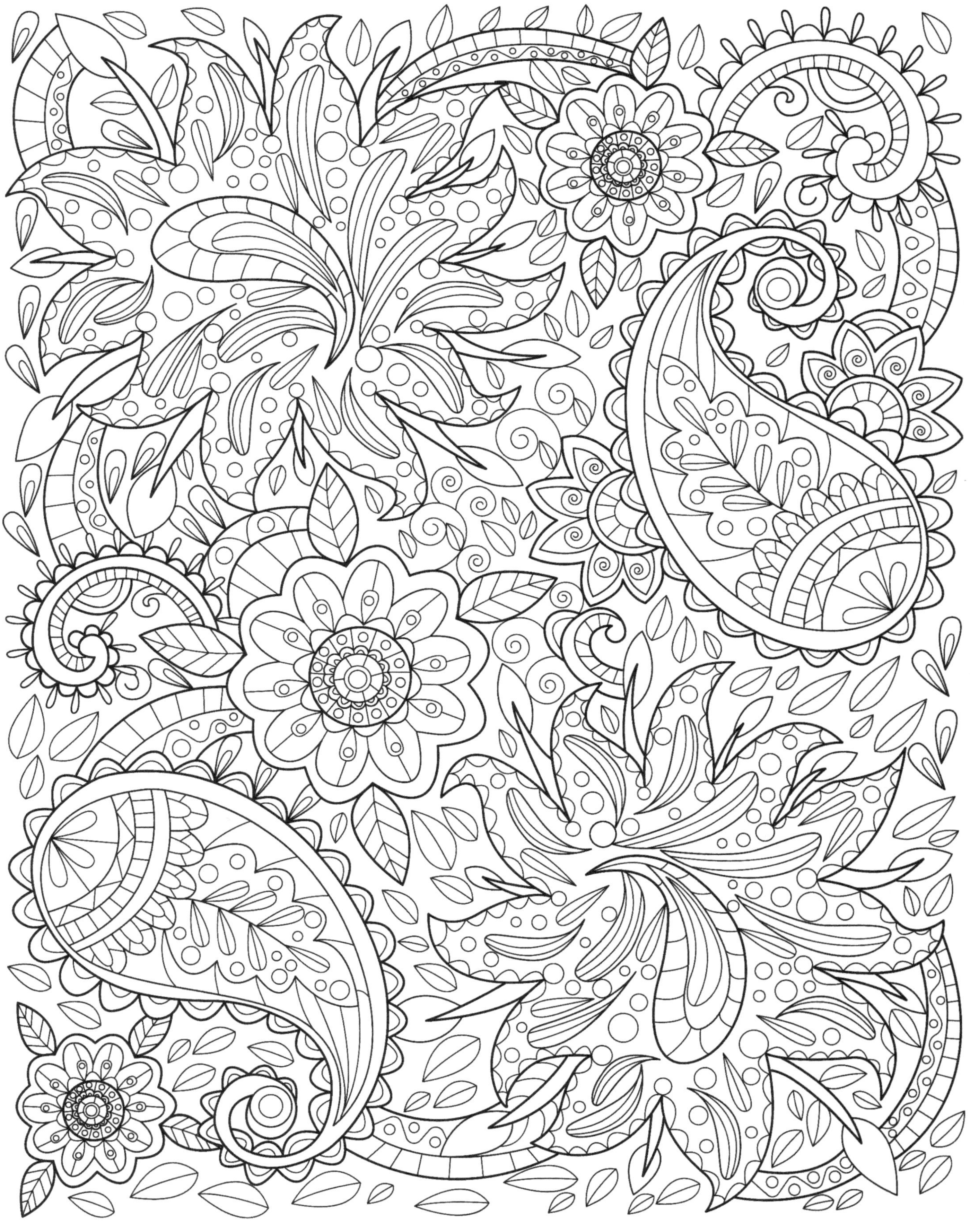

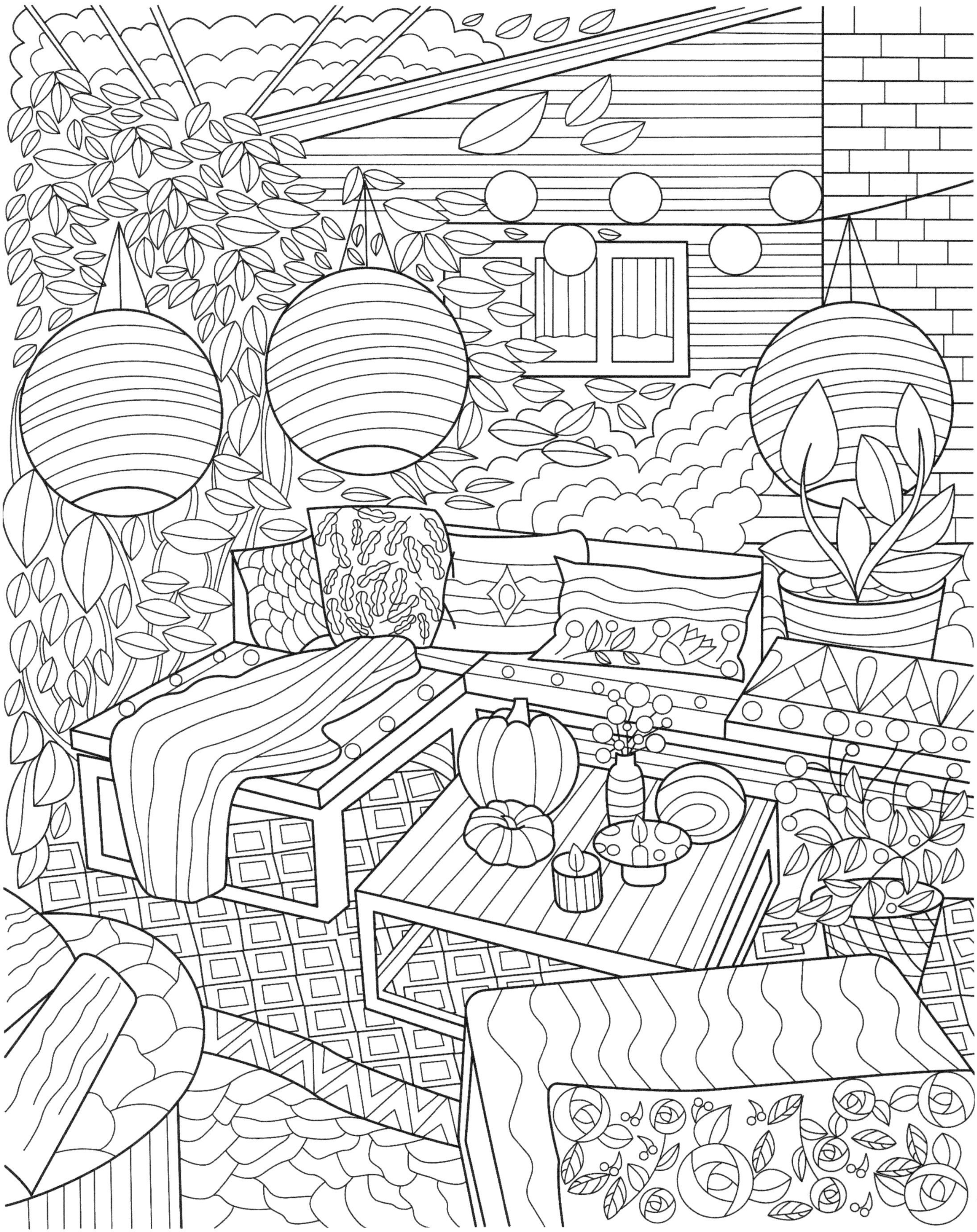

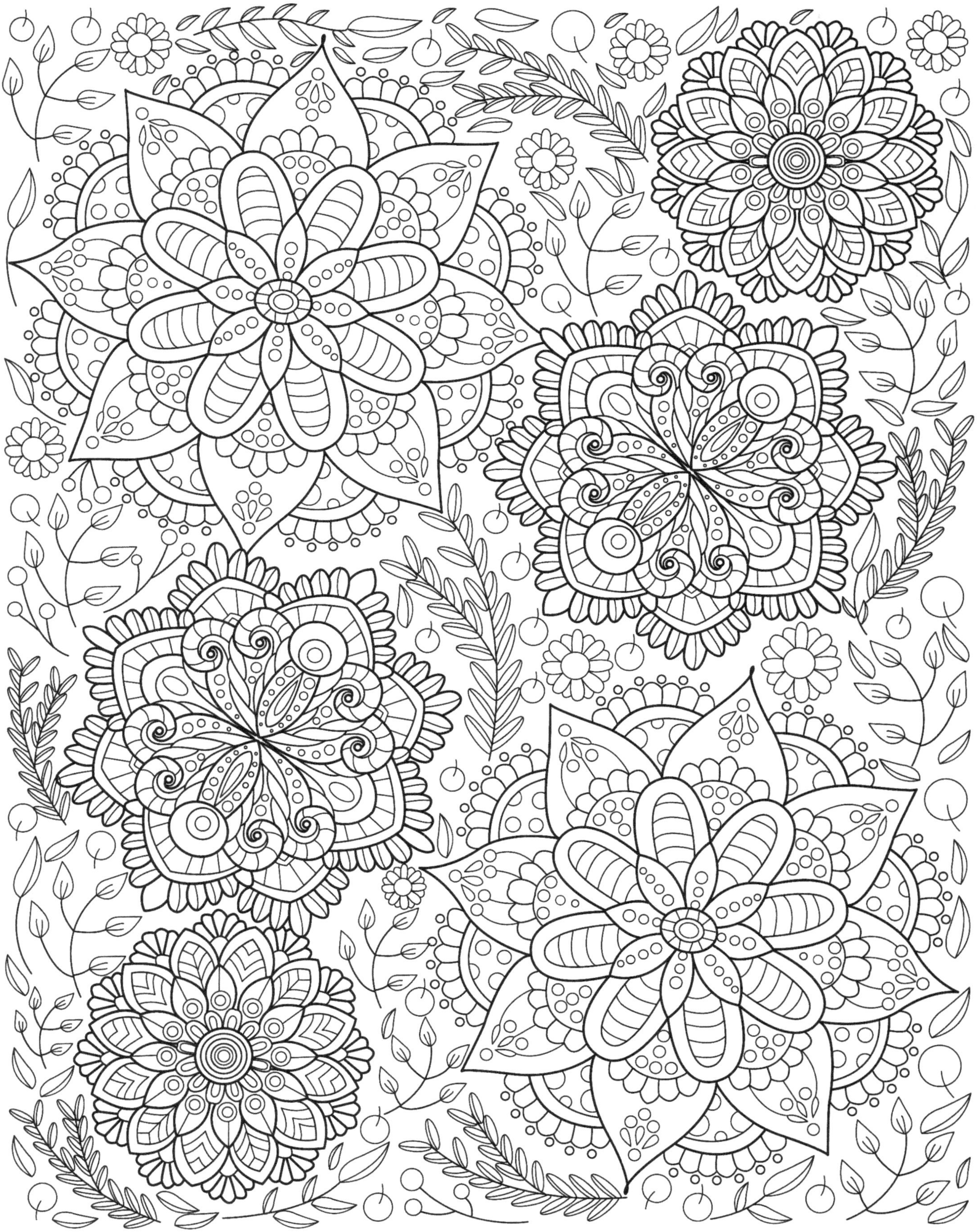

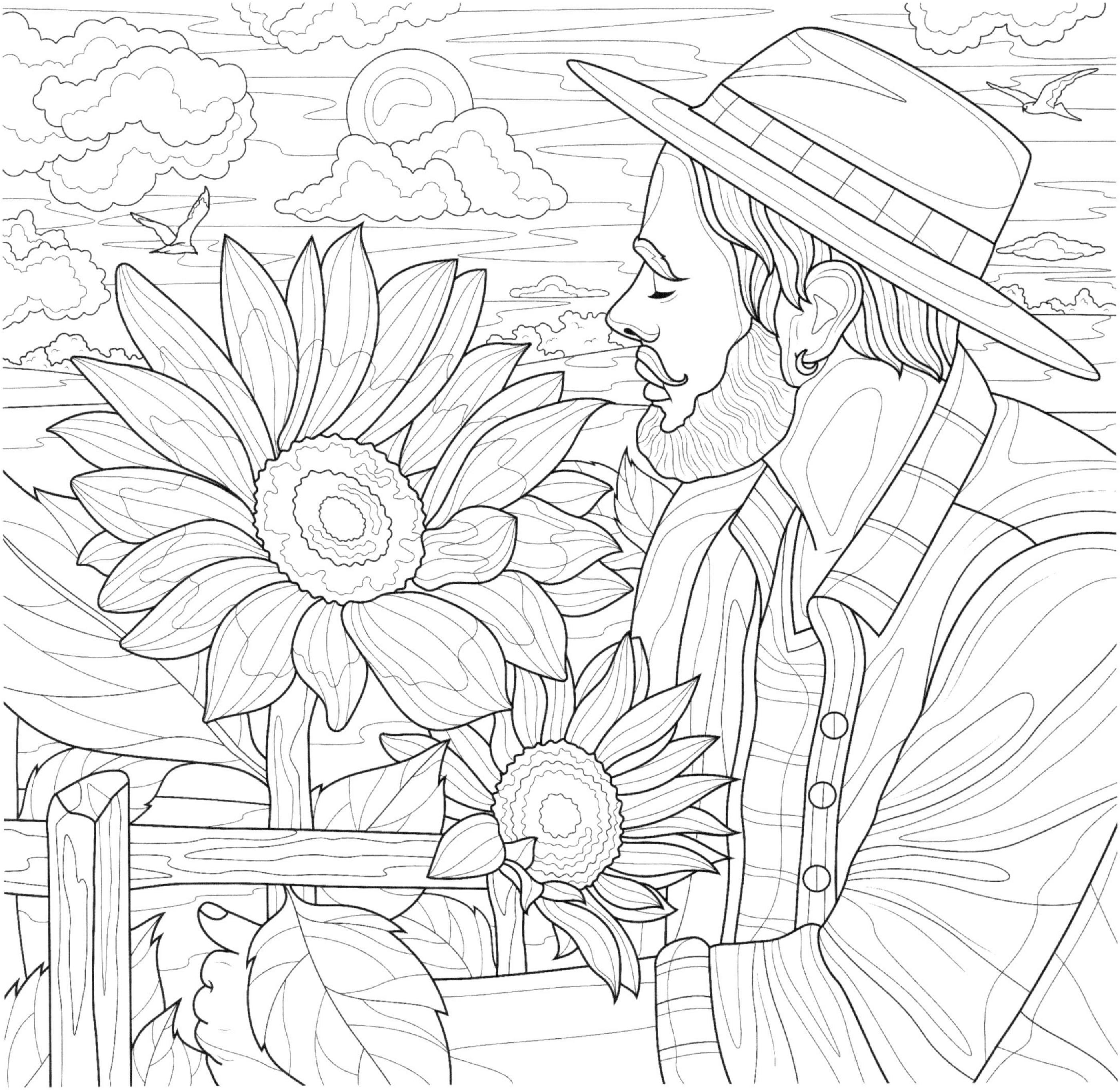

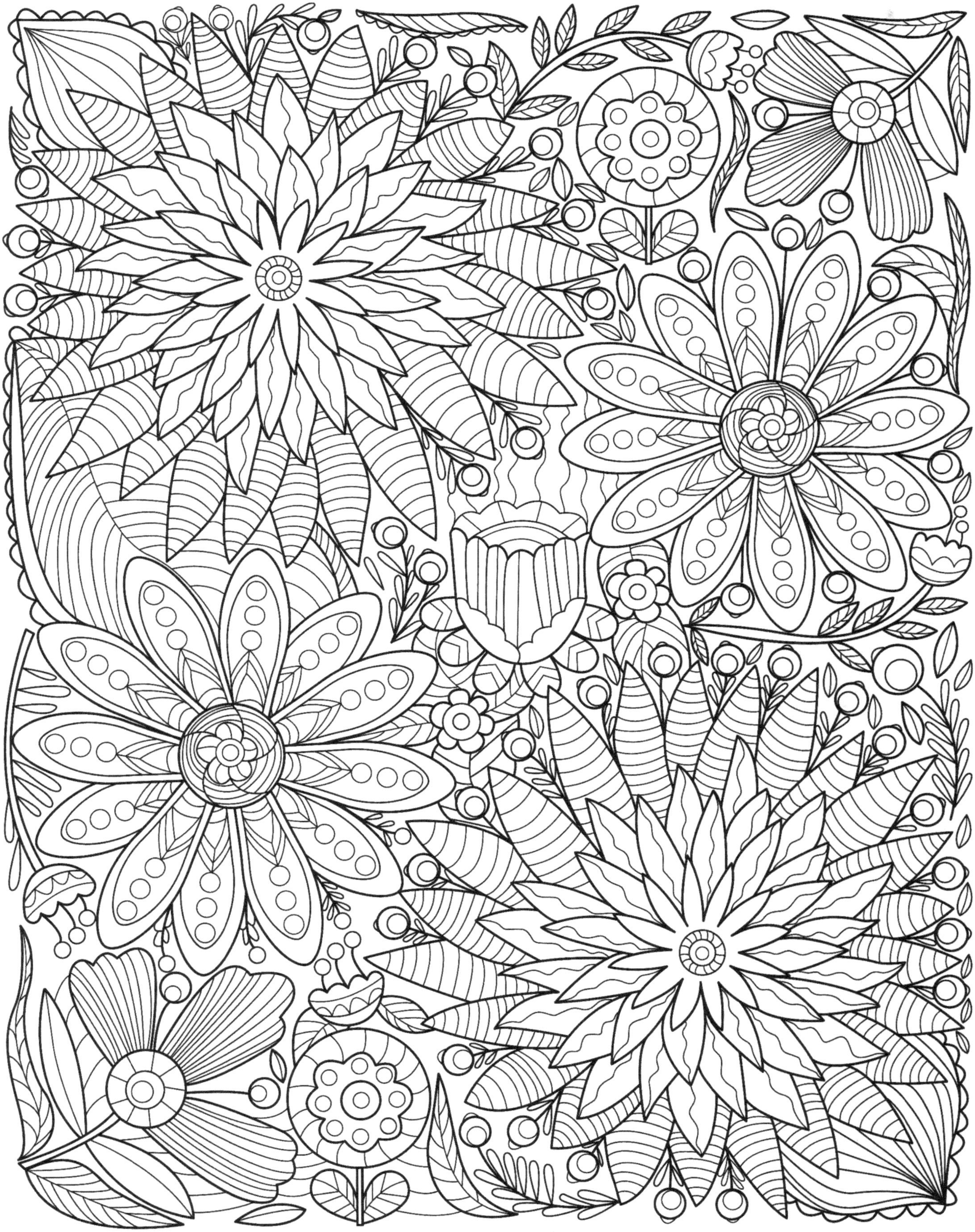

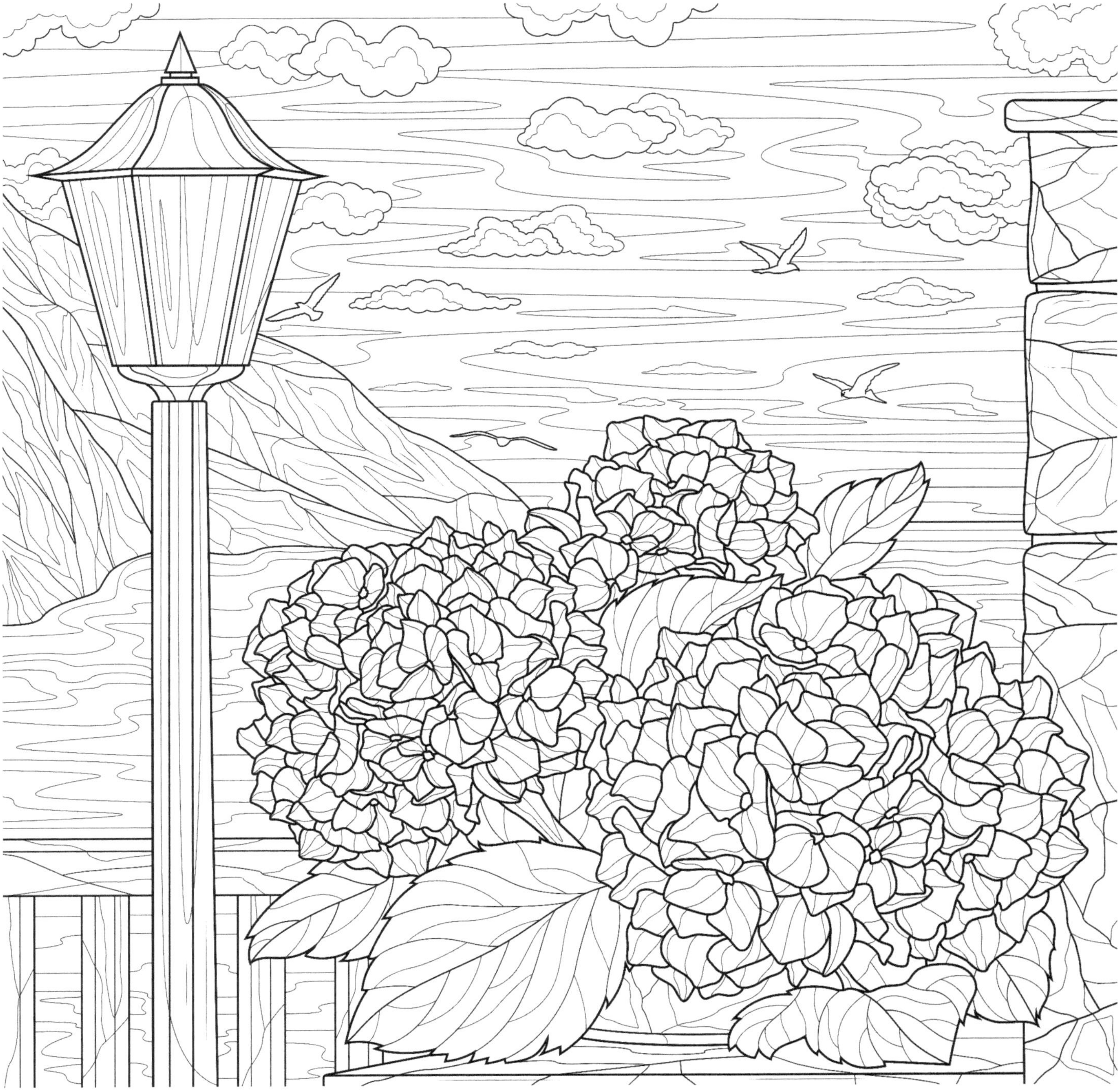

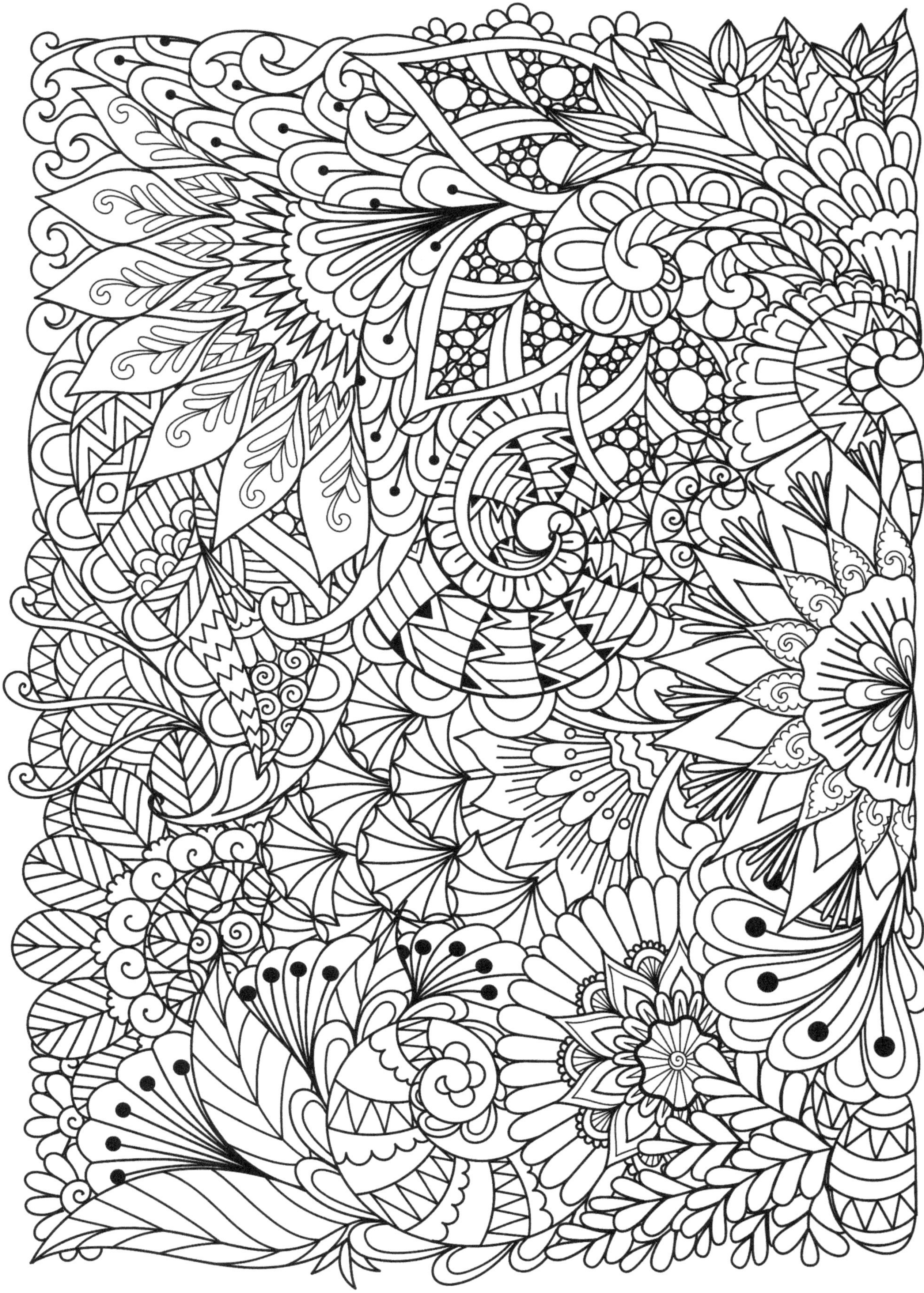

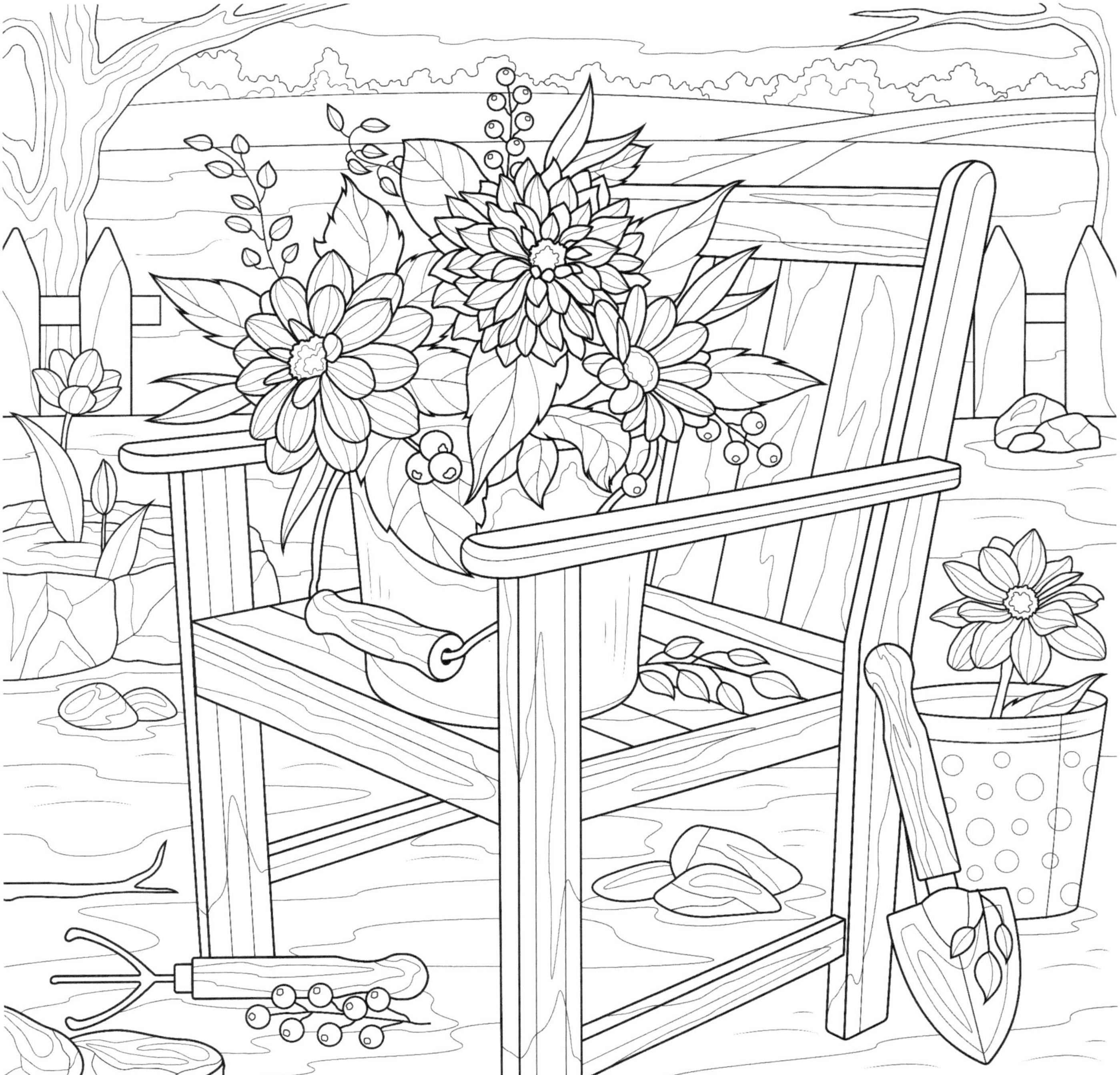

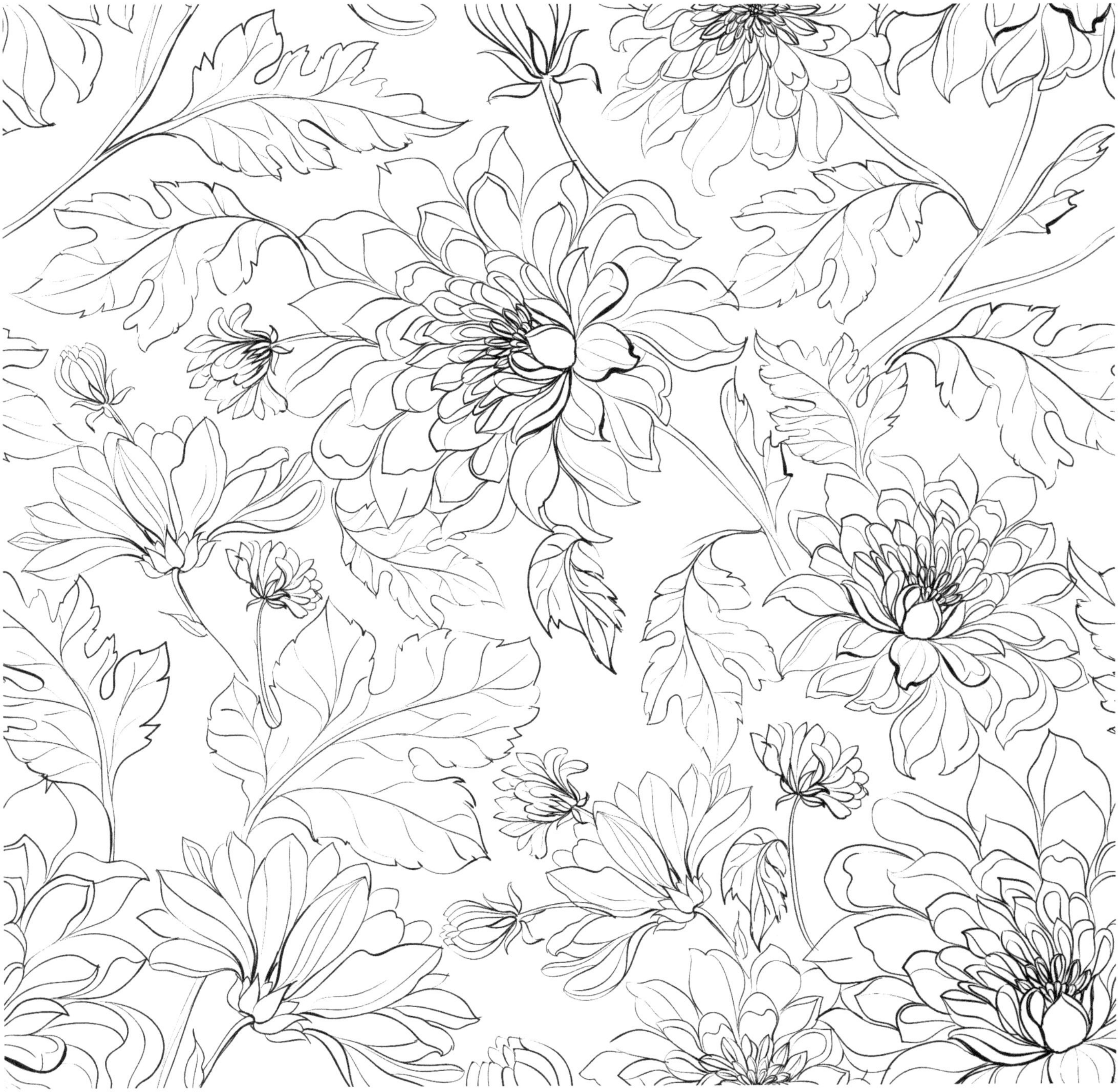

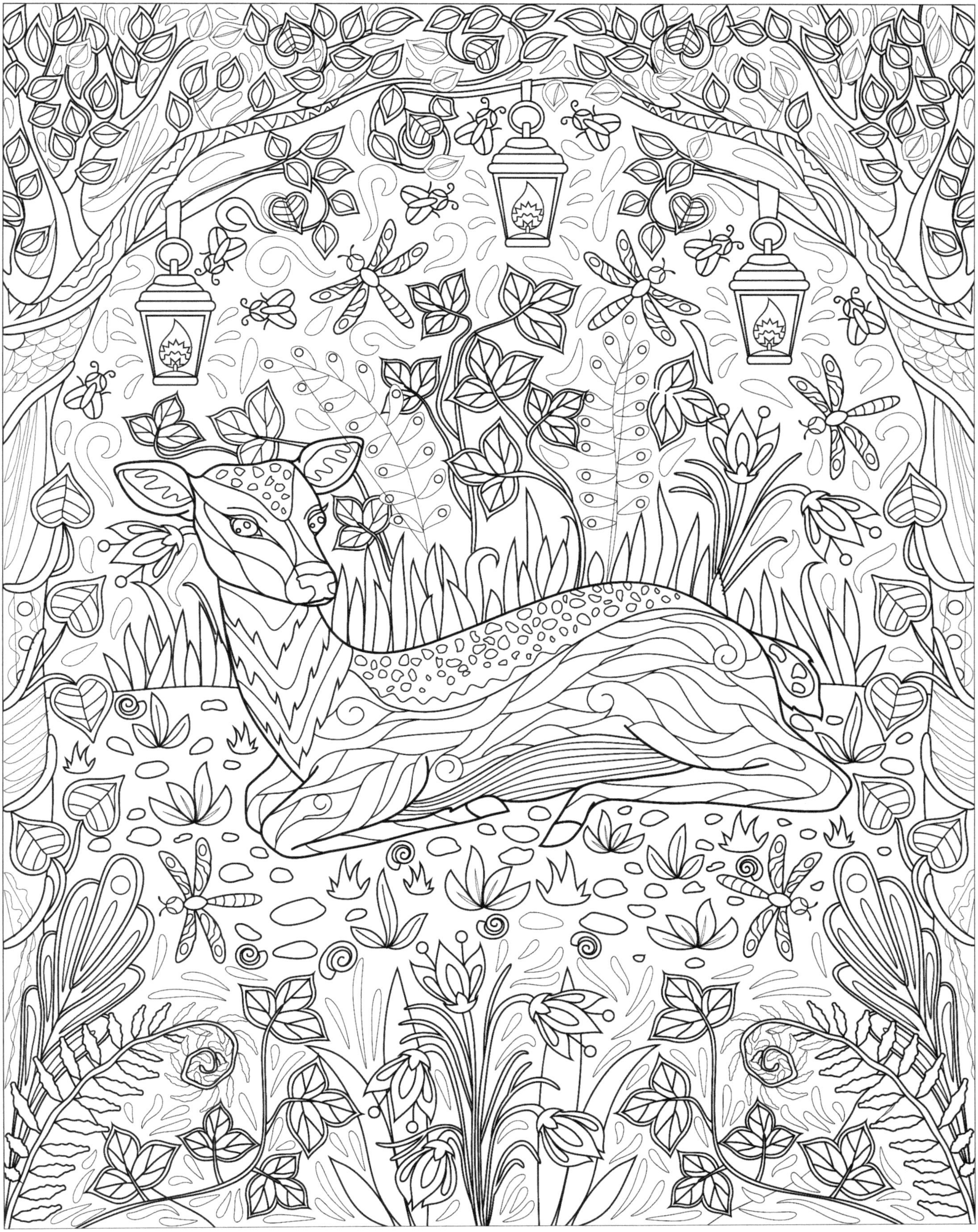

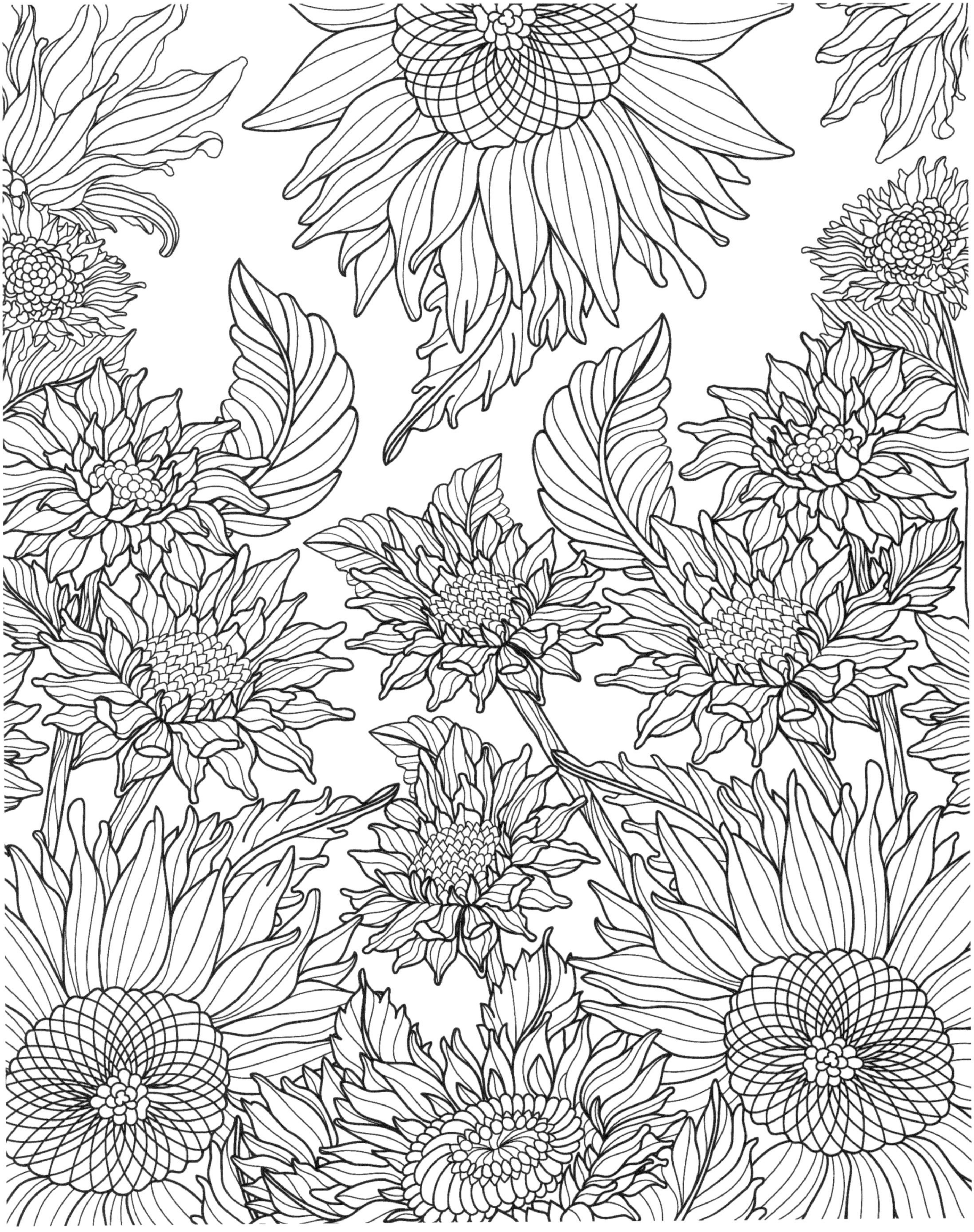

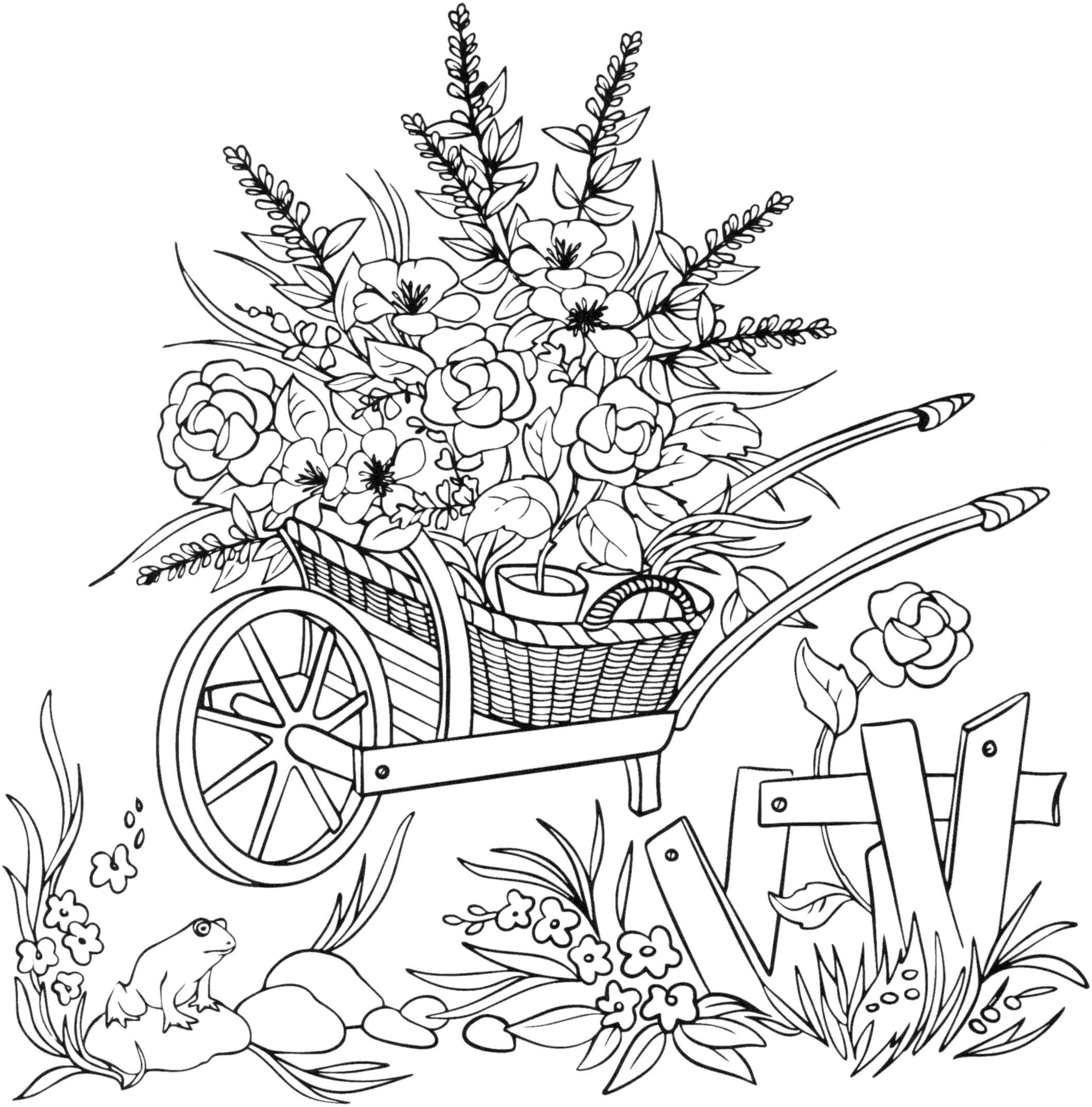

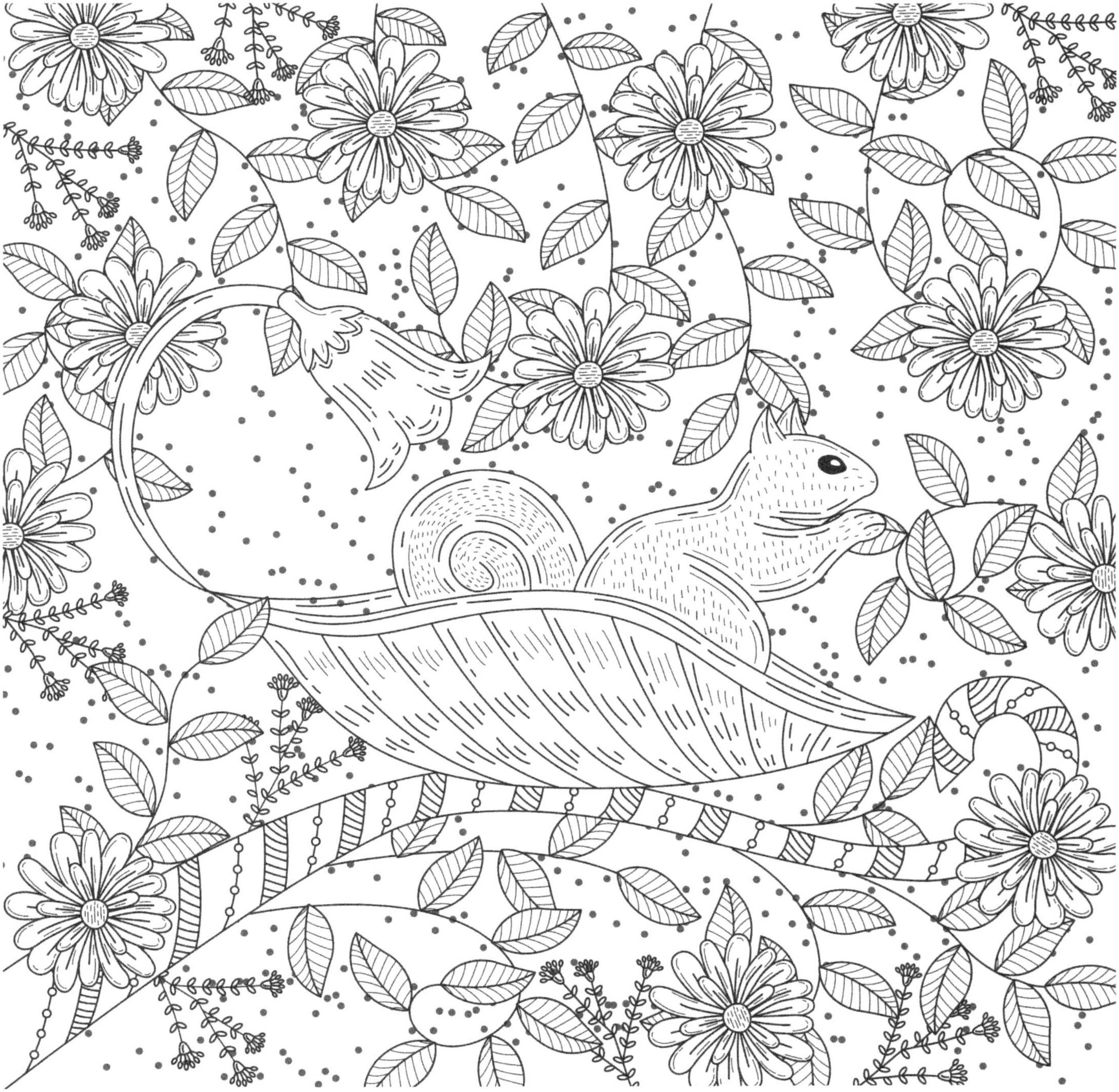

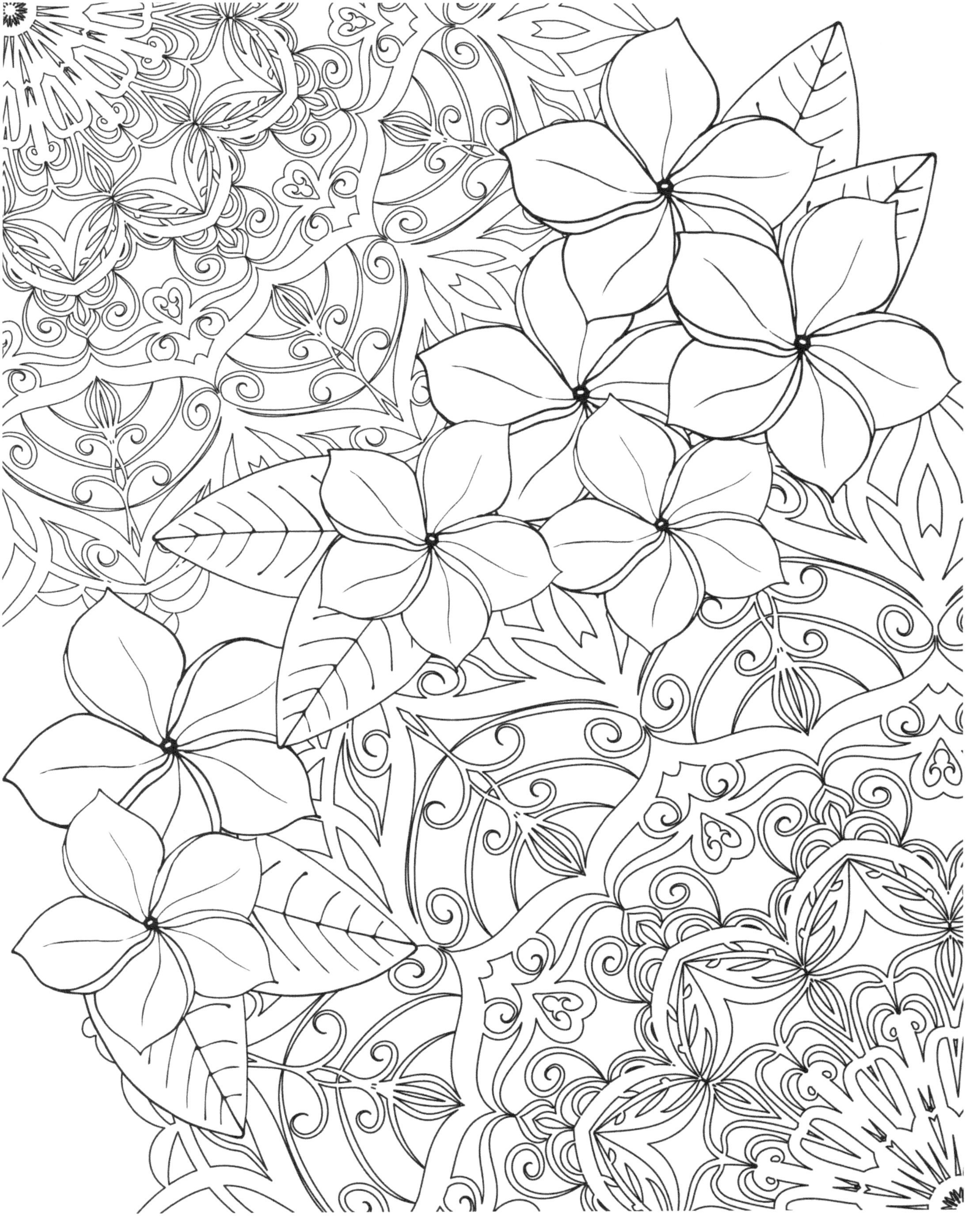

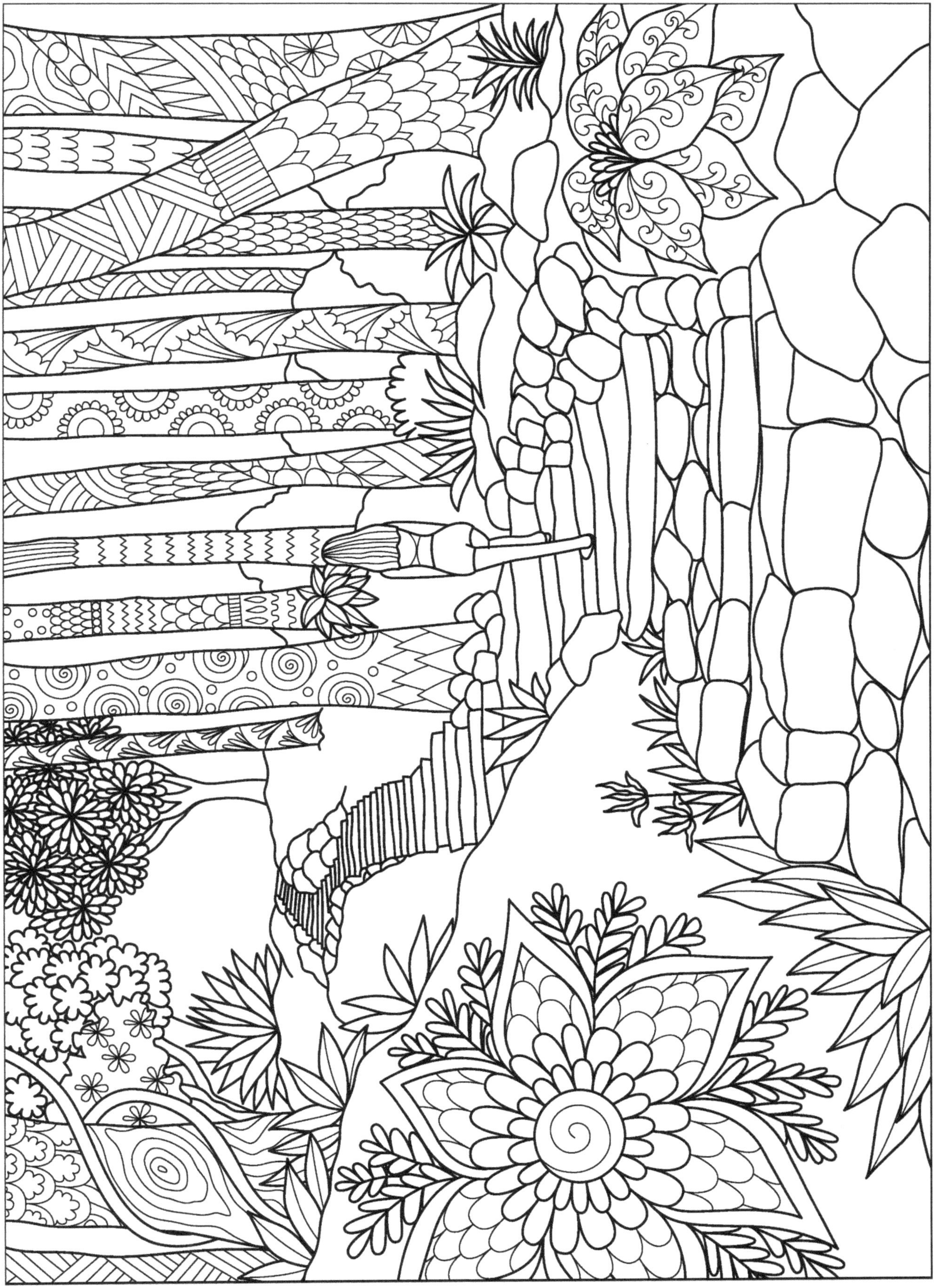

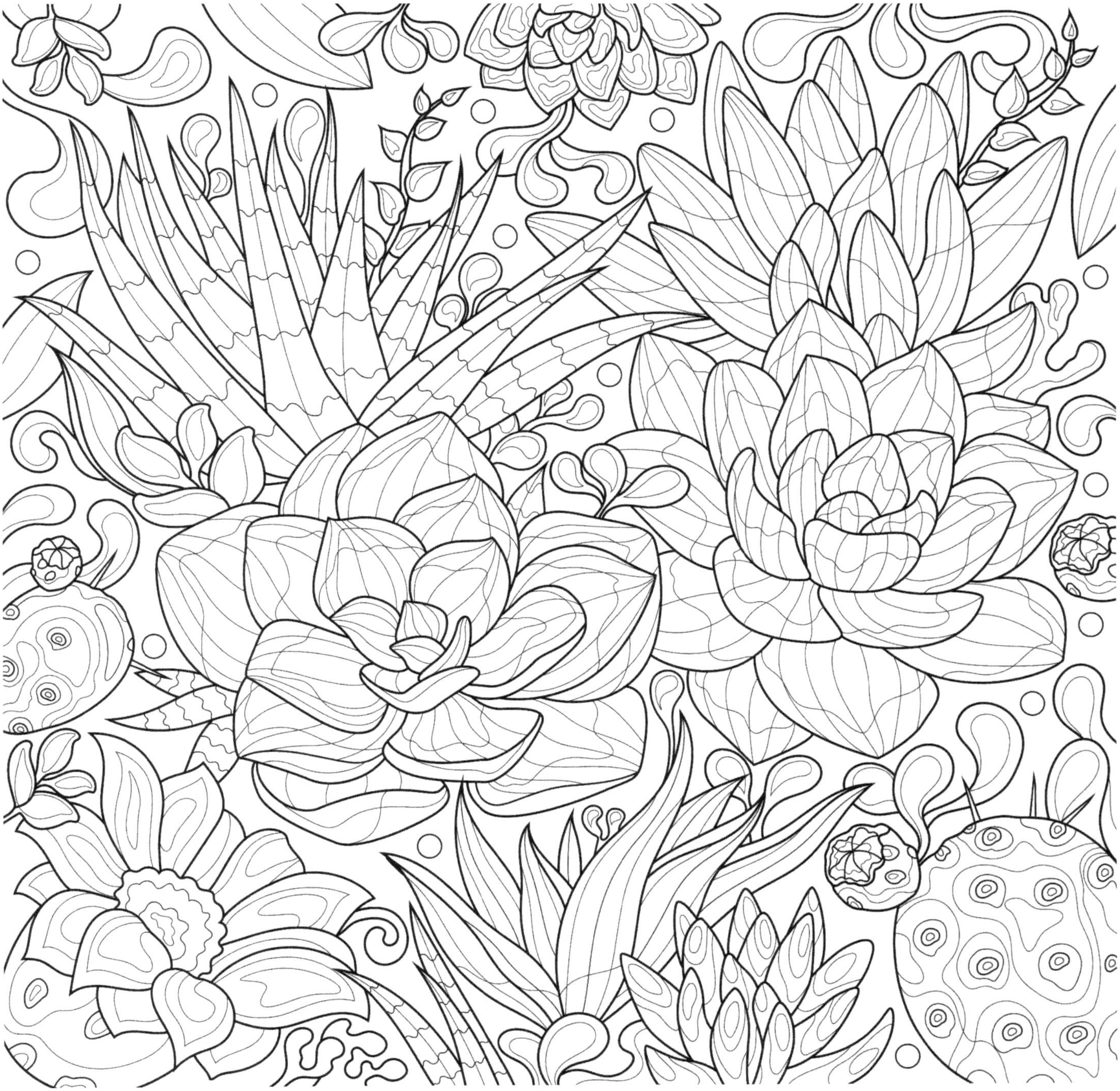

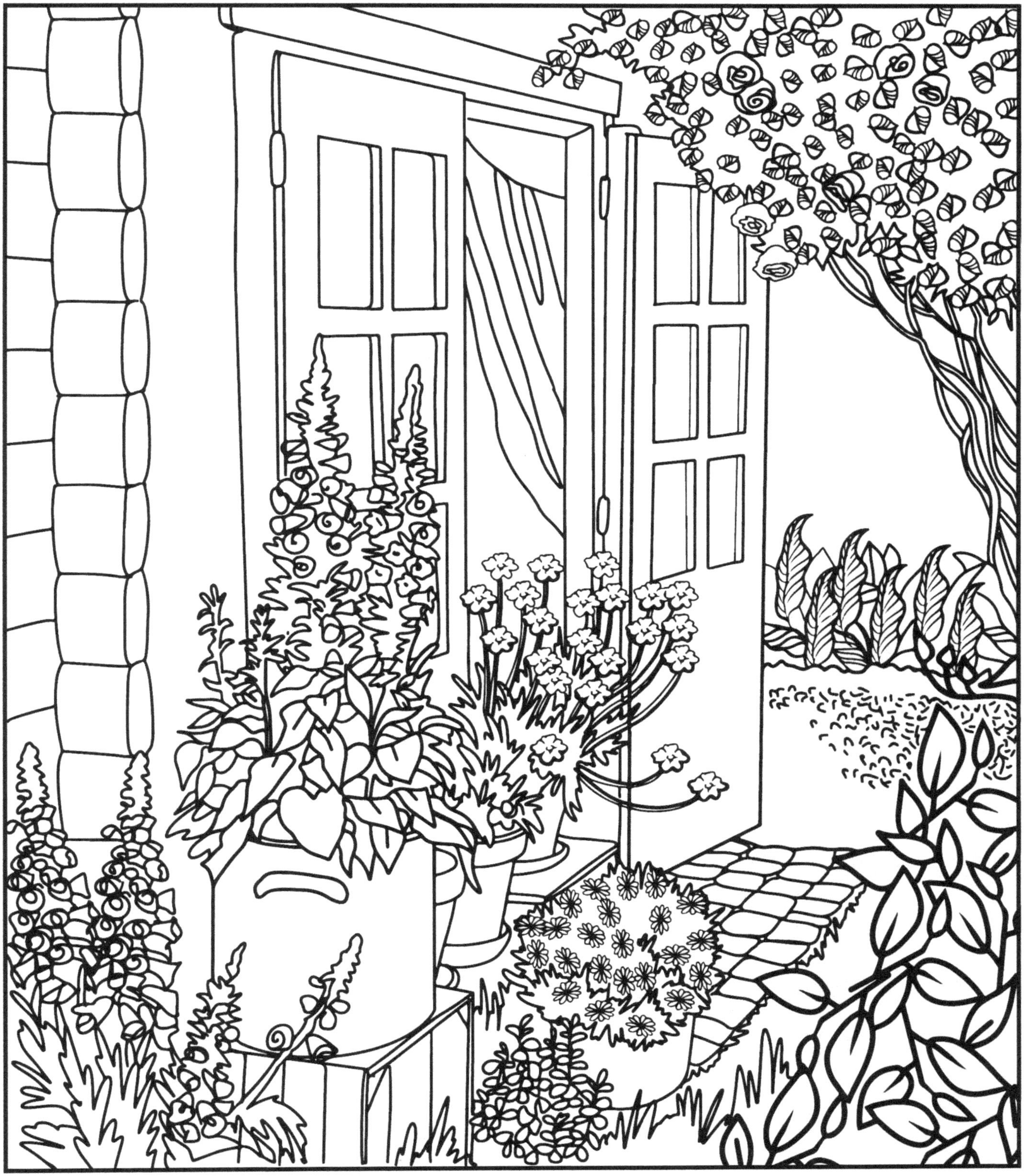

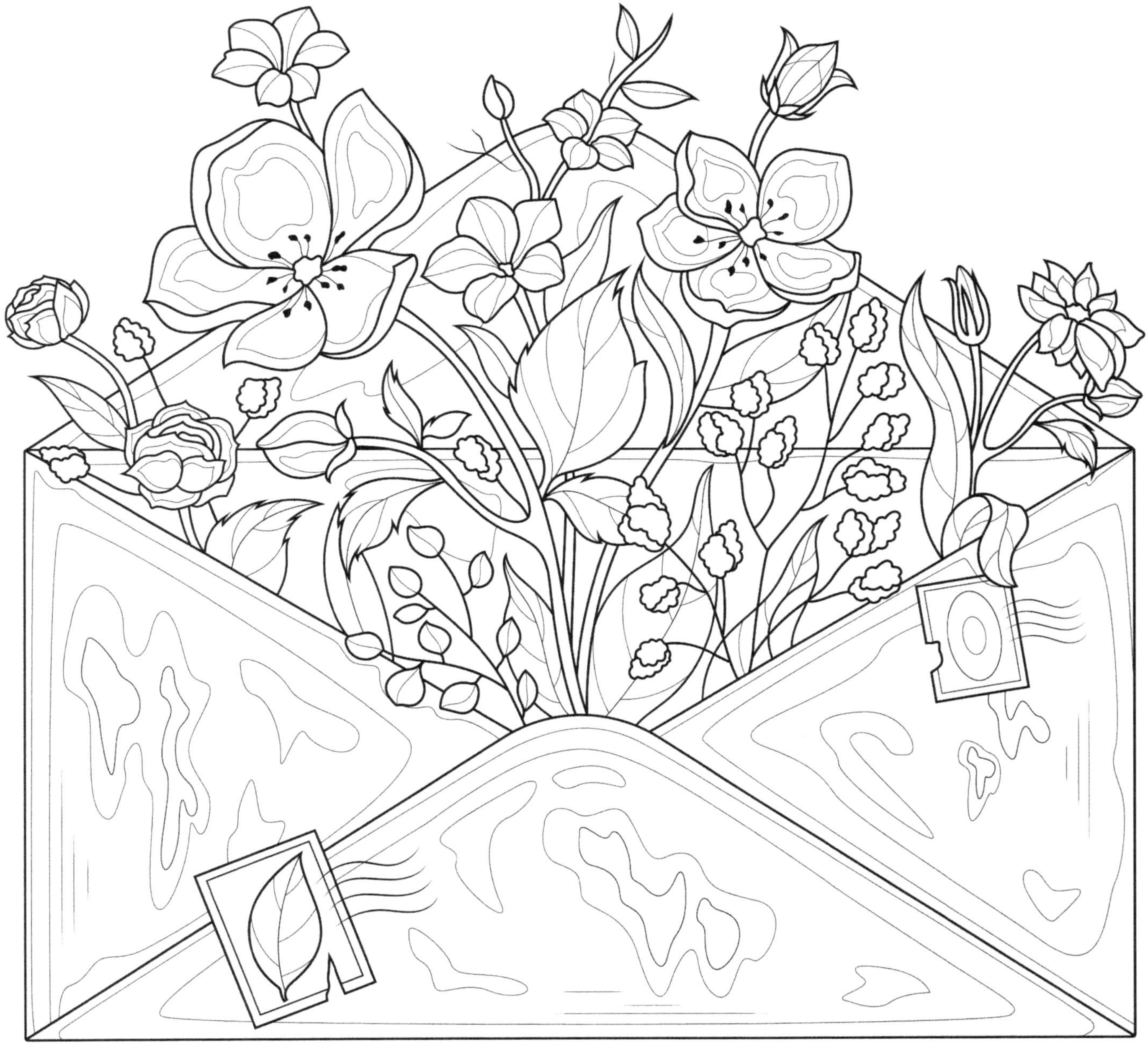

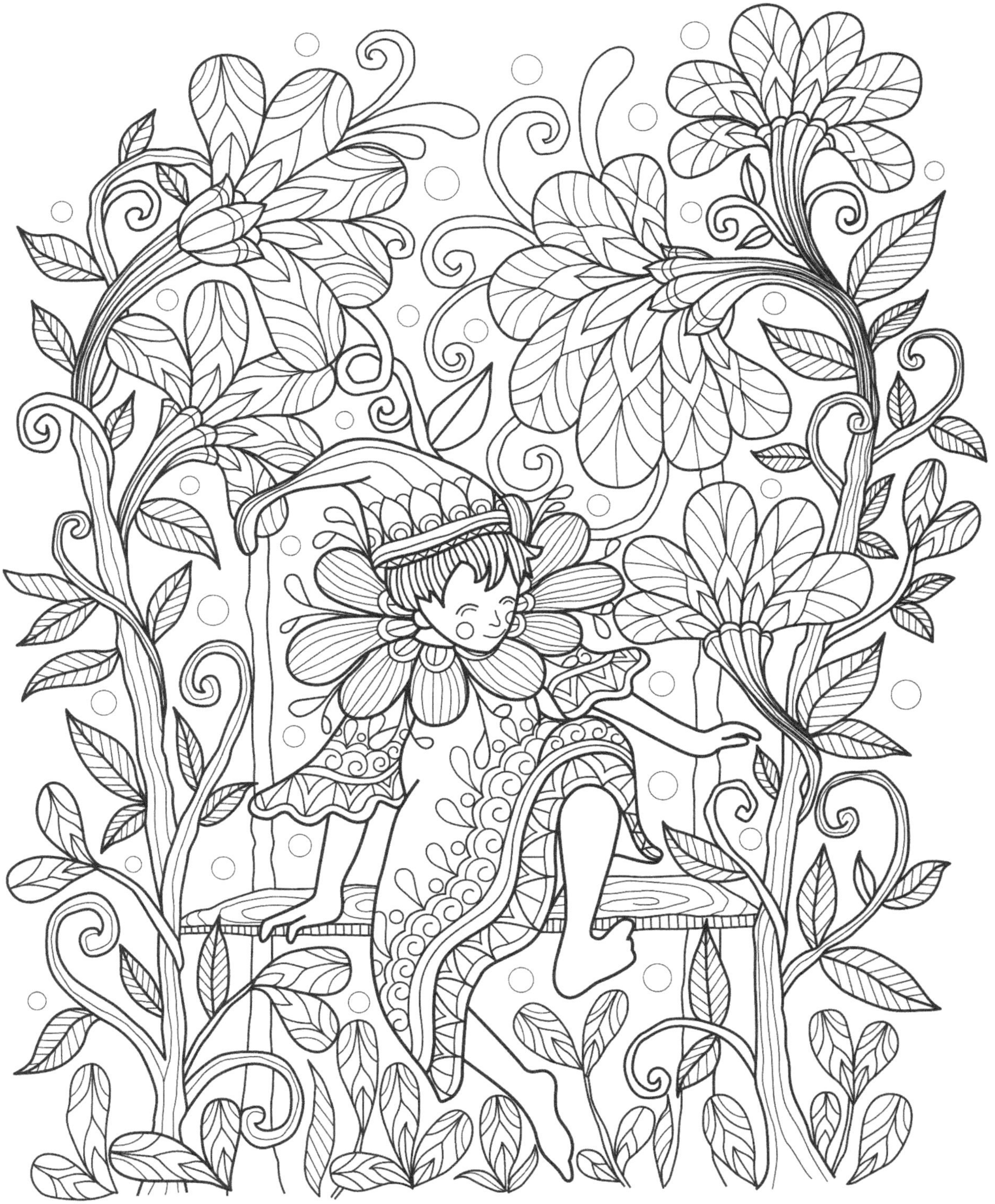

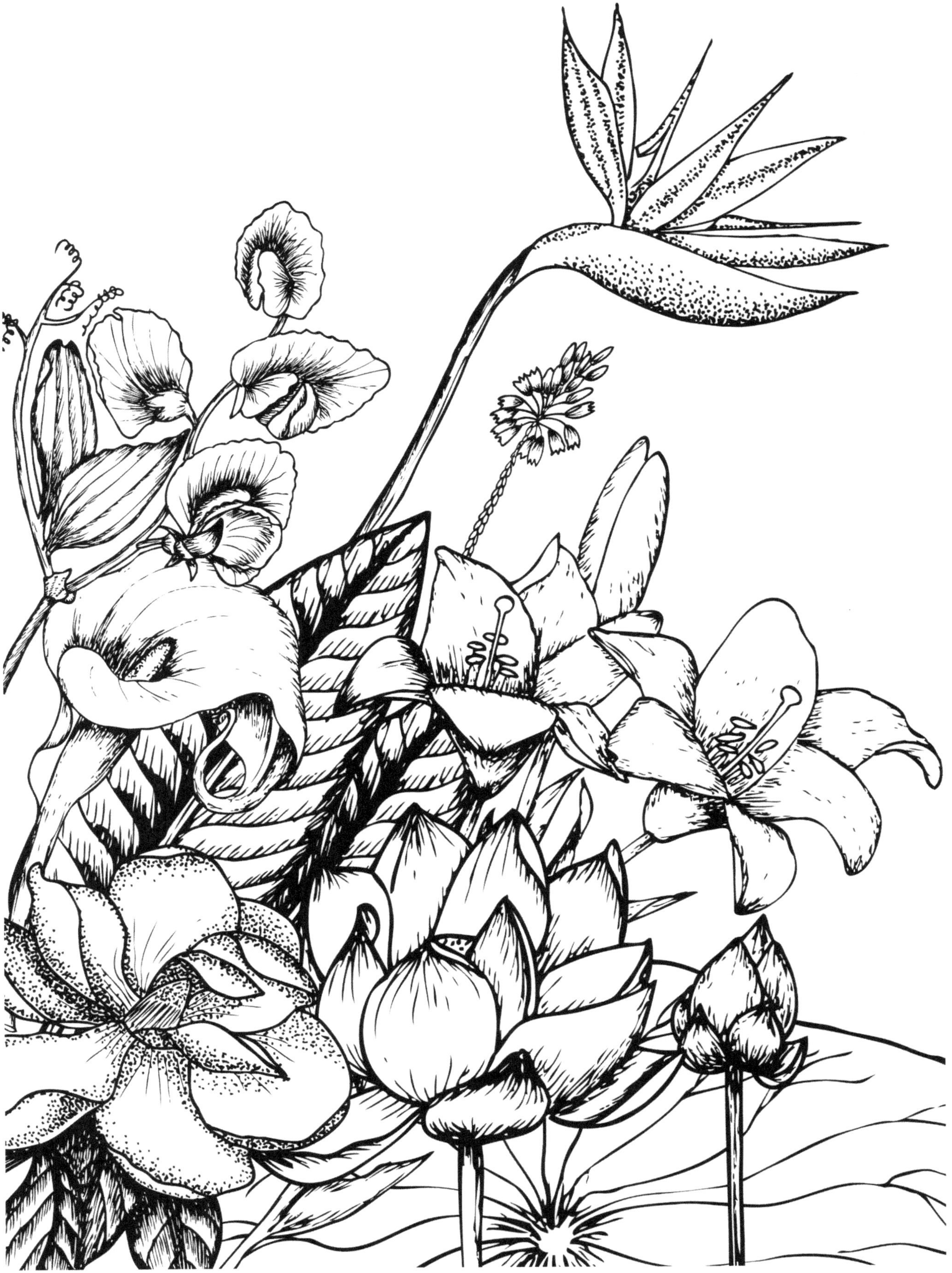

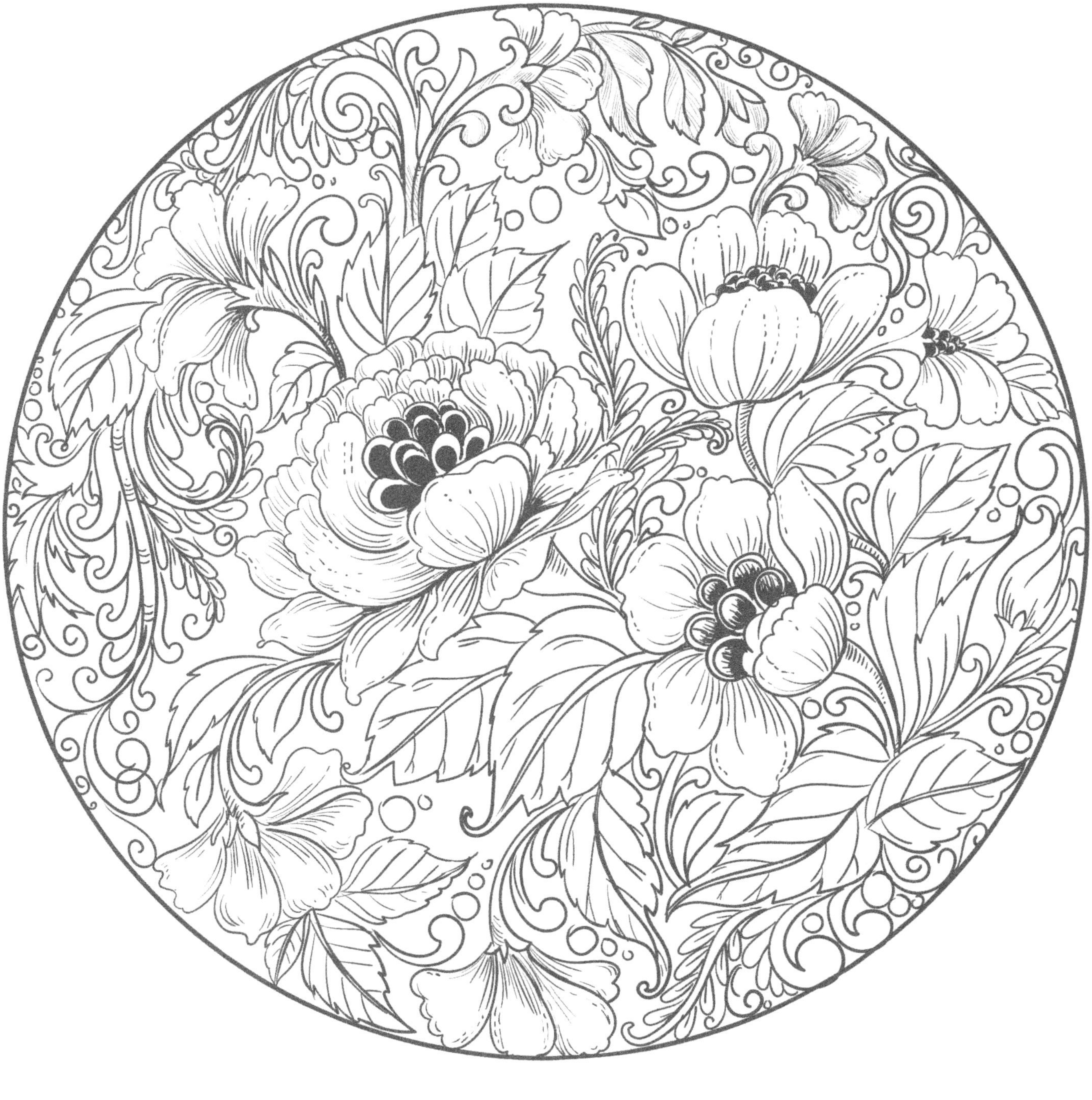

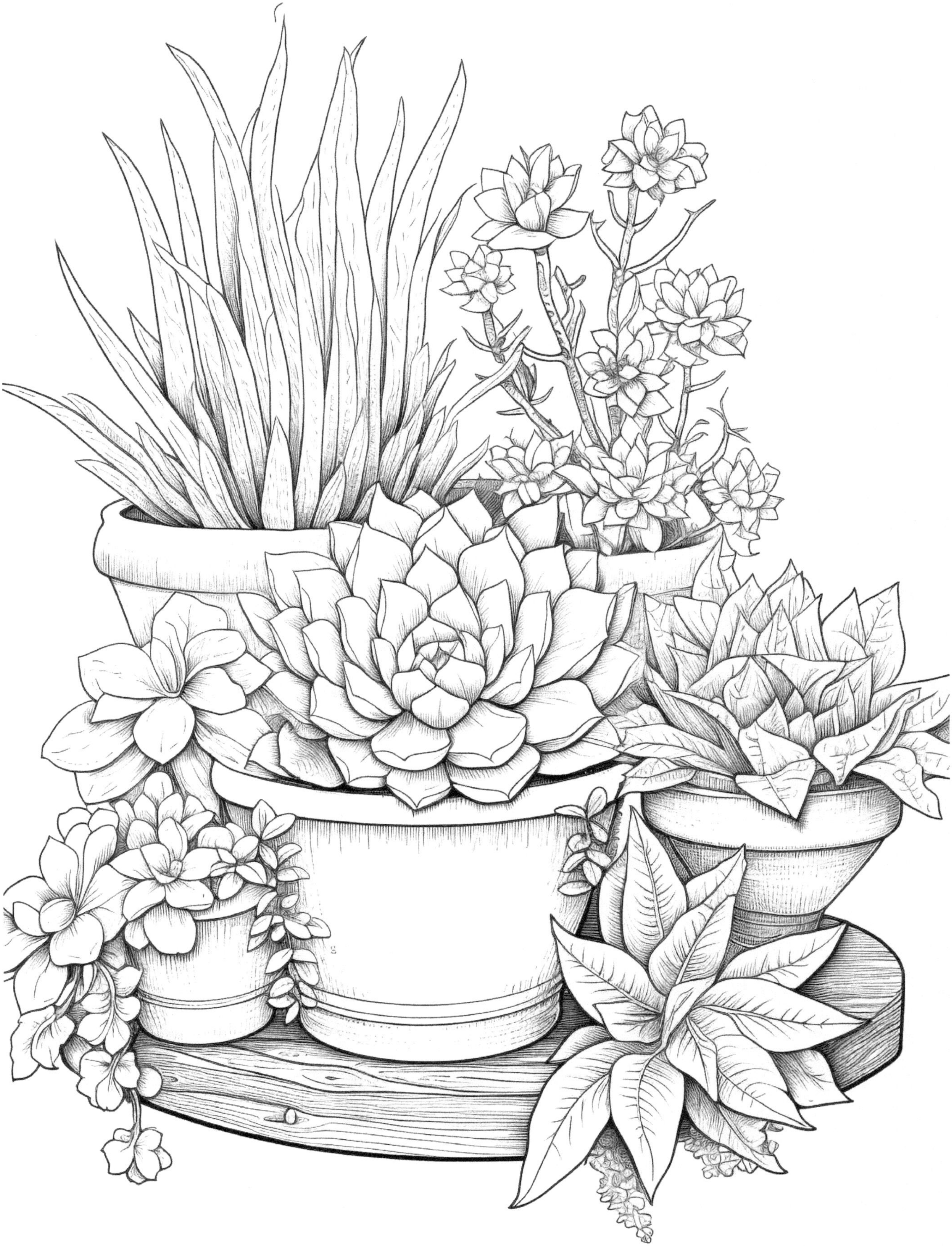

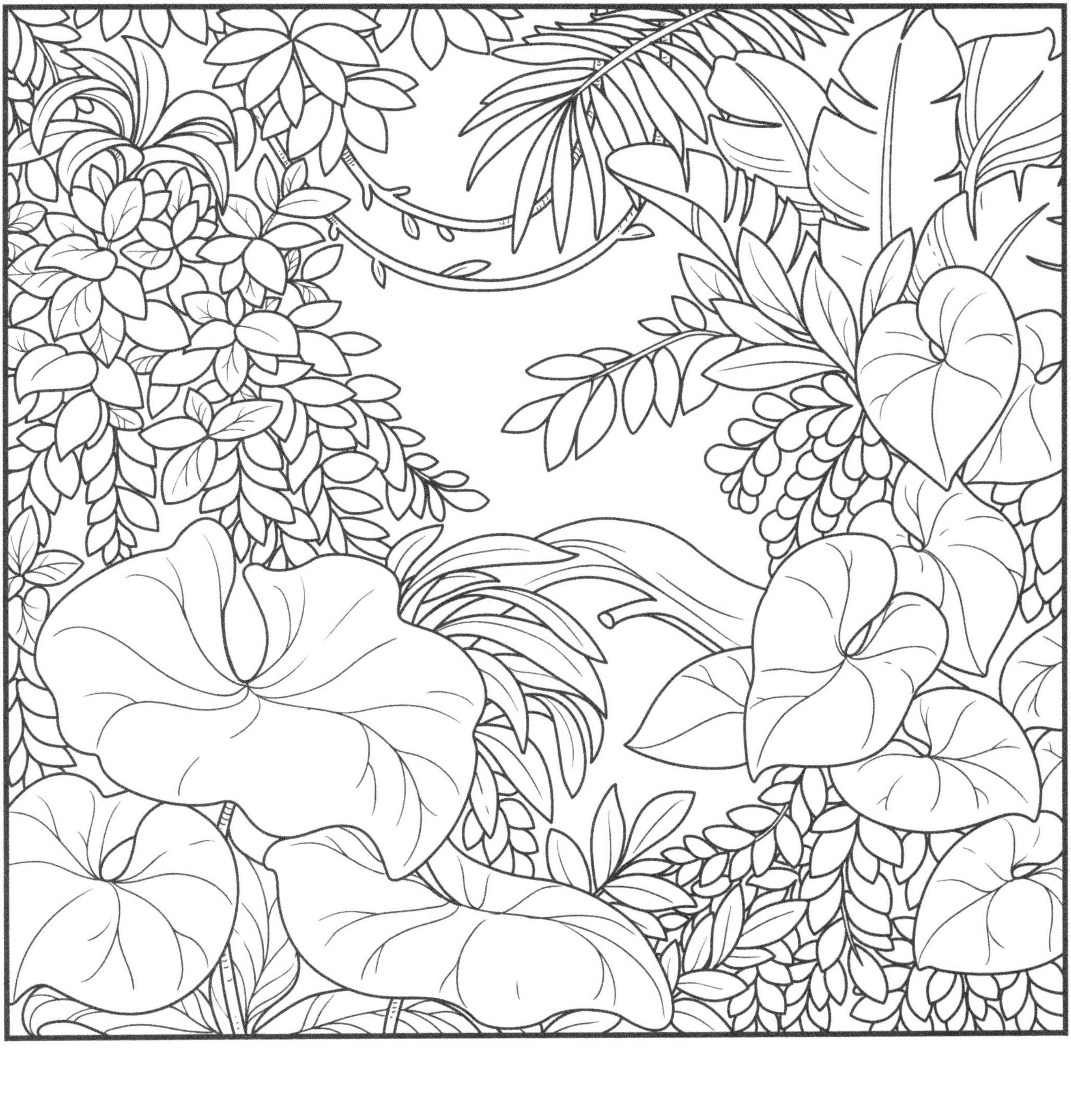

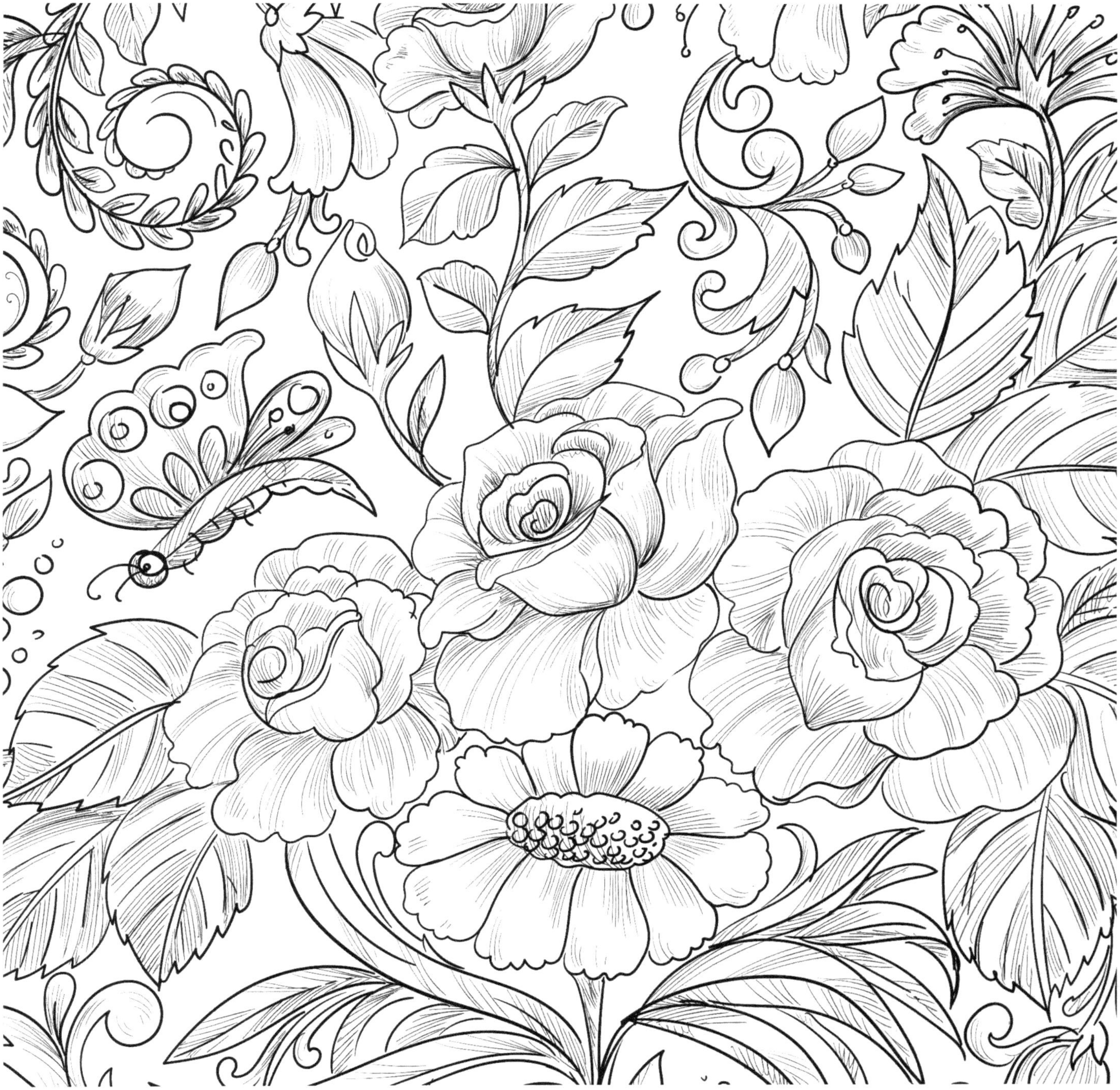

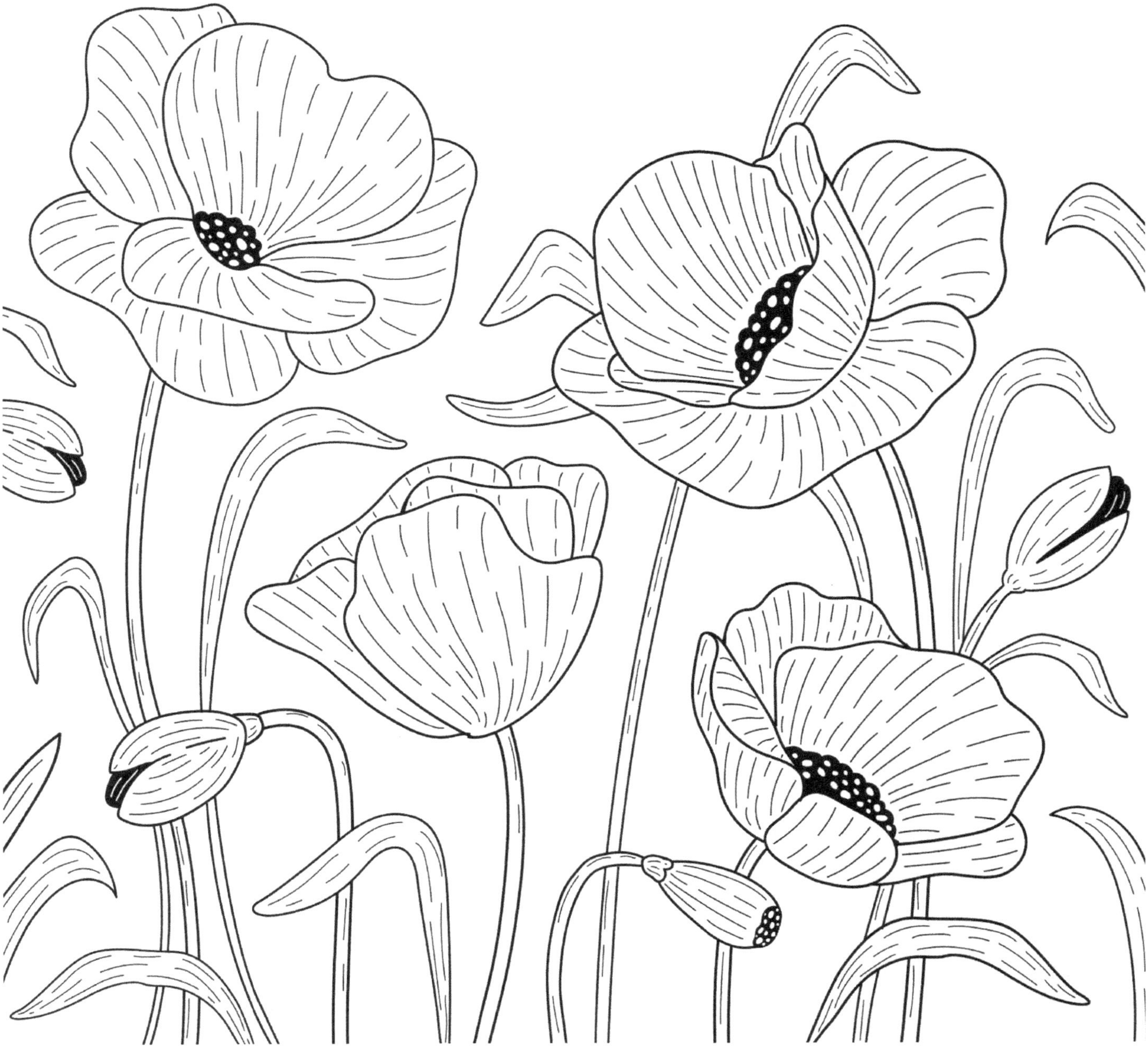

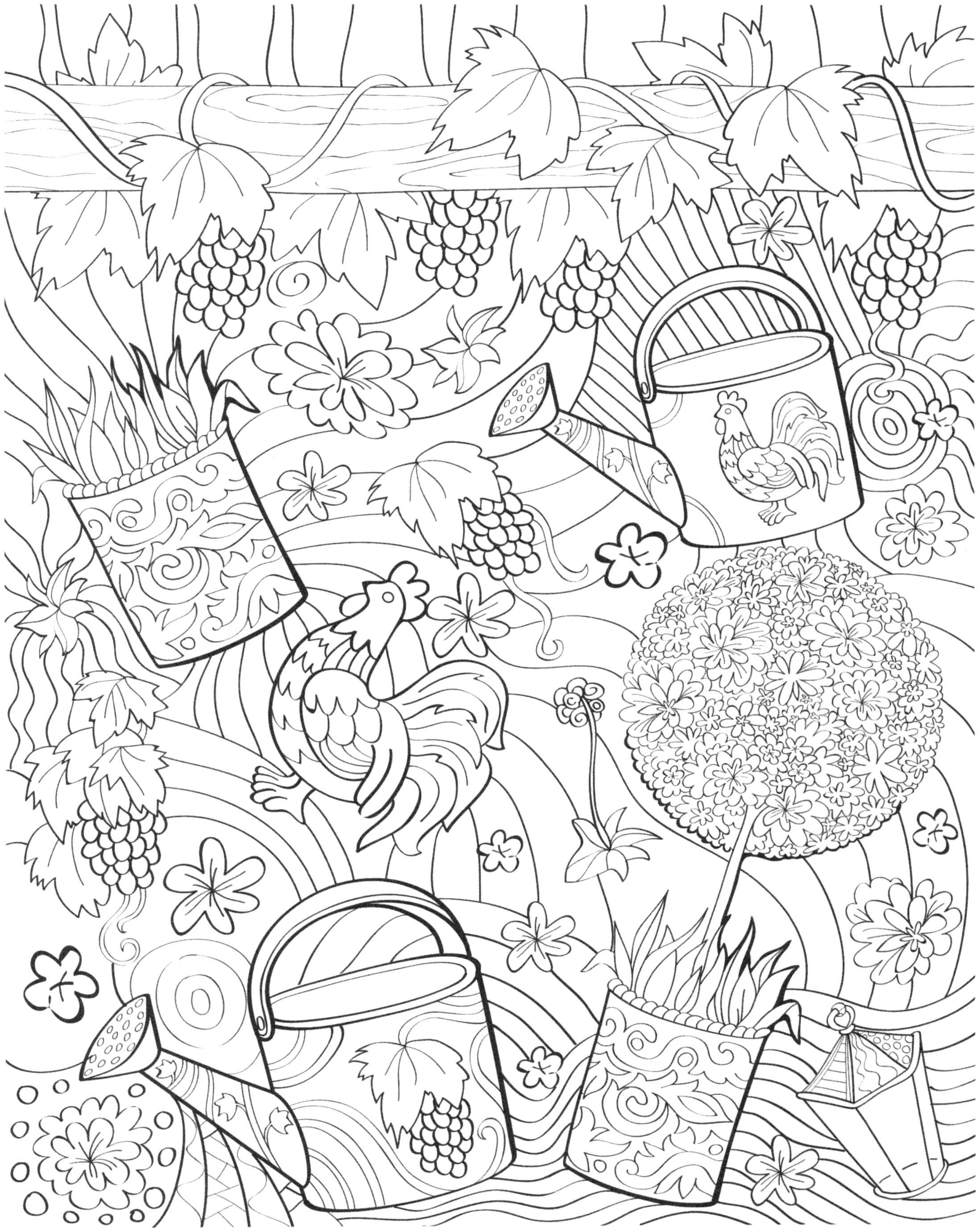

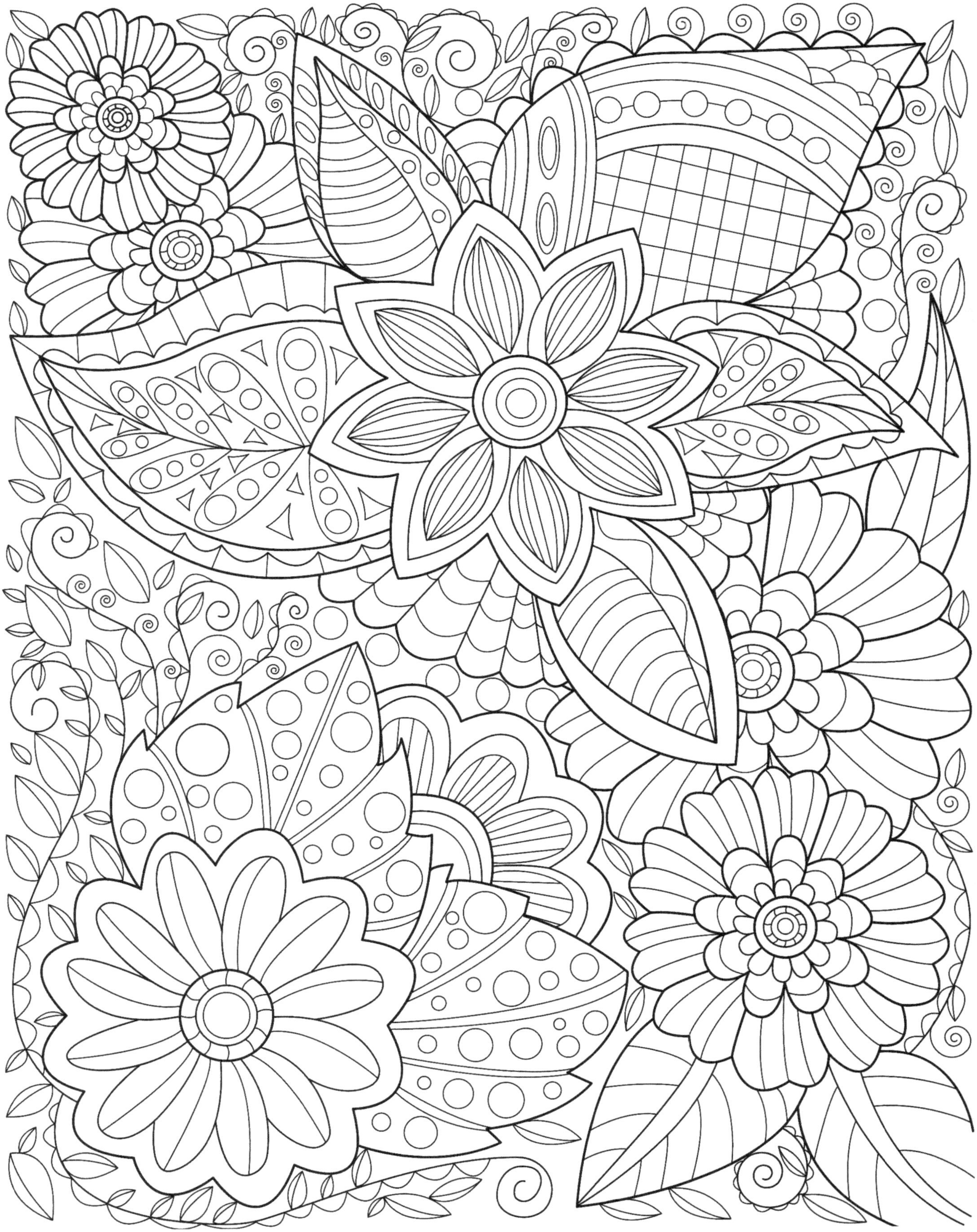

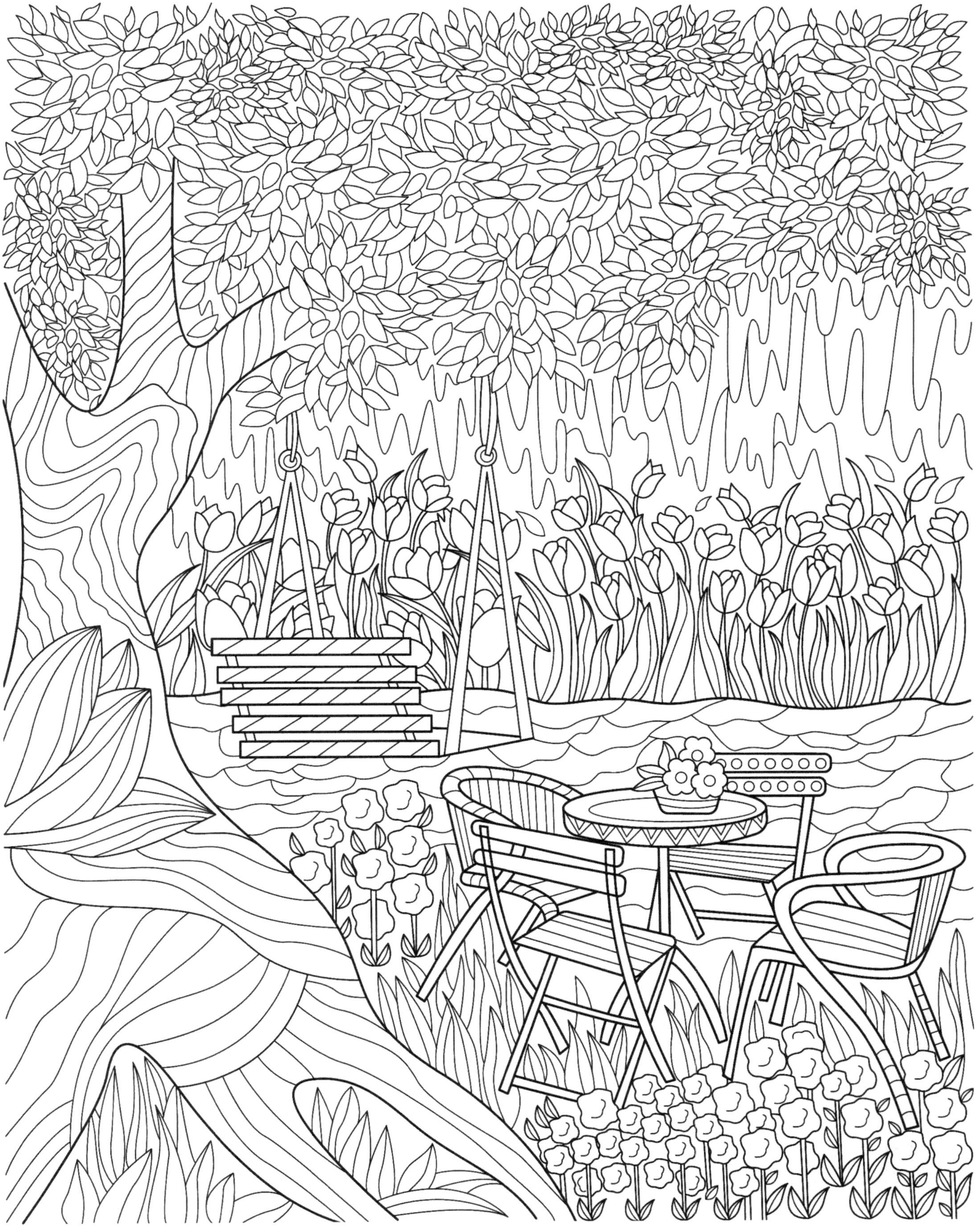

CPSIA information can be obtained
at www.ICGtesting.com
Printed in the USA
BVHW021935080623
665636BV00011B/578

9 798211 187603